ONE UNIT A DAY

가장 쉬운
알파벳 쓰기
하루 한장의 기적

📖 동양북스

저자 Samantha Kim 김미현

숭실대 영문과, 뉴욕주립대 TESOL 석사.
현재 학부모와 영어교사들을 대상으로 교수법을 강의하고 있으며,
경험과 이론을 바탕으로 다양한 ELT 교재를 집필 하고 있다.

저자 Anne Kim 김지은

한양대 교육학, 숙명여자대학교 TESOL 석사.
연령과 시기에 따라 필요한 영어교수법을 연구 중에 있으며,
그러한 노하우를 담아 집필활동과 강의를 하고 있다.

가장 쉬운
알파벳 쓰기 하루 한장의 기적

초판 10쇄 2024년 5월 10일 | **지은이** Samantha Kim · Anne Kim | **발행인** 김태웅 | **마케팅 총괄** 김철영 | **제작** 현대순 | **편집** 황준, 양정화, 이지은 | **디자인** 남은혜, 김지혜

발행처 (주)동양북스 | **등록** 제2014-000055호(2014년 2월 7일) | **주소** 서울시 마포구 동교로22길 14 (04030) | **구입문의 전화** (02)337-1737 | **팩스** (02)334-6624
내용문의 전화 (02)337-1763 | dybooks2@gmail.com

ISBN 979-11-5768-454-0 63740

알파벳은 어떻게 구성되어 있을까요?

영어의 문자인 알파벳은 대문자 26개와 소문자 26의 총 52개의 글자로 구성되어 있습니다. 알파벳을 배우고 알파벳과 친해지기 시작하면 파닉스에 쉽게 접근할 수 있을 뿐만 아니라 영어의 기초를 다지는 데 도움을 얻을 수 있습니다.

알파벳은 엄마가 가르쳐도 될까요?

알파벳은 엄마와 함께 집에서 충분히 익힐 수 있습니다. 하루에 일정한 시간을 정해놓고 하나씩 따라 읽고 쓰다 보면 영어의 기본이 되는 26개의 알파벳 문자를 숙달할 수 있습니다.

알파벳은 어떻게 학습하는 것이 좋을까요?

처음 영어를 배우는 아이들은 알파벳을 읽고 쓰는 방법부터 차근차근 배우는 게 좋습니다. 무작정 쓰기만 하면 영어에 대한 흥미가 떨어질 수 있습니다.

왜 가장 쉬운 알파벳 쓰기일까요?

문자를 완전히 익힐 수 있도록 쓰기 연습을 충분히 담고 있어서 이 책 한 권이면 알파벳의 기초를 탄탄히 다질 수 있습니다. 또한 지루해질 수 있는 쓰기 연습을 귀여운 그림과 살아있는 사진을 통해 재미있게 익힐 수 있도록 했습니다.

이 책의 구성

알파벳 A~Z까지 대문자와 소문자 52가지를 모두 담았습니다. 충분한 쓰기 연습과
다양한 활동을 통해 알파벳을 쉽고 재미있게 익힐 수 있도록 구성했습니다.

쓰는 법과 이름을 익힙니다

글자 쓰는 법을 보면서 손으로 먼저 따라 써보세요. 순서에 맞게 크게 한 번,
작게 한 번 써보면서 글자와 모양을 익히도록 충분히 연습합니다. 이때 시작
하는 점과 끝나는 점을 따라 정확하게 쓸 수 있도록 연습합니다. 원어민의
소리로 녹음된 MP3를 들으며 글자의 모양과 함께 발음도 익혀둡니다.

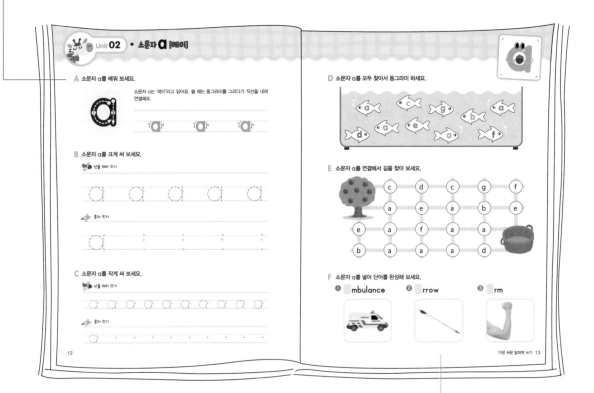

체계적으로 구성된 흥미로운 연습문제

글자 쓰기를 연습한 후 문제를 재미있게 풀면서 완전히 글자를 익혀
내 것으로 만들도록 합니다. 이때 단어 속에서 글자의 쓰임을 그림과
함께 배우는 연습도 해 봅니다.

REVIEW와 TEST

알파벳을 다 익혔는지 확인할 수 있는 리뷰 4개와
테스트 2개가 수록되어 있습니다. 듣기 문제도 있
어 알파벳 글자를 쓸 수 있을 뿐 아니라 듣고 구분
할 수 있는지도 확인할 수 있습니다.

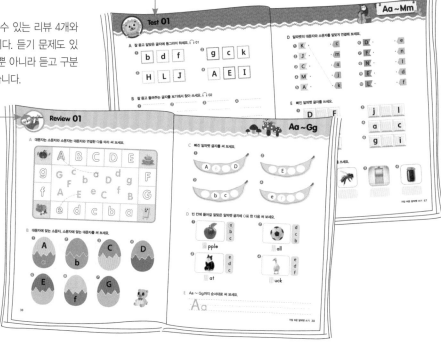

특별 부록

알파벳 차트

책 앞에 알파벳 차트를 수록해 놓았어요.
책에 놓고 봐도 되지만 책에서 분리해서
잘 보이는 곳에 붙여놓고 수시로 읽고 써
보세요.

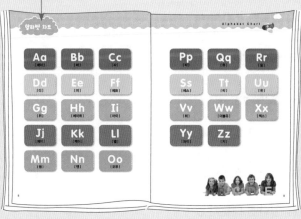

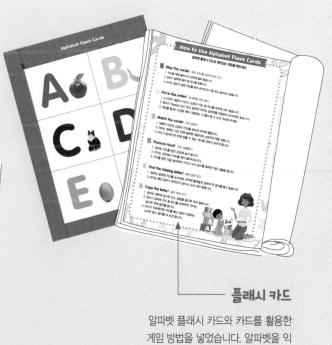

플래시 카드

알파벳 플래시 카드와 카드를 활용한
게임 방법을 넣었습니다. 알파벳을 익
힐 때는 흥미를 잃지 않도록 재미있는
게임을 함께 지도해주세요.

목차

Aa
[에이]

Bb
[비]

Cc
[씨]

Dd
[디]

Ee
[이]

Ff
[에프]

Gg
[쥐]

Hh
[에이취]

Ii
[아이]

Jj
[제이]

Kk
[케이]

Ll
[엘]

Mm
[엠]

Nn
[엔]

Oo
[오우]

Pp
[피]

Qq
[큐]

Rr
[알]

Ss
[에스]

Tt
[티]

Uu
[유]

Vv
[뷔]

Ww
[더블유]

Xx
[엑스]

Yy
[와이]

Zz
[지]

A 대문자 A를 배워 보세요.

대문자 A는 '에이'라고 읽어요. 쓸 때는 세모를 그리듯이 양쪽으로 내리고 가운데 선을 연결해요.

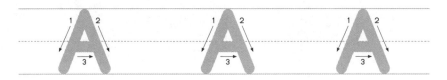

B 대문자 A를 크게 써 보세요.

선을 따라 쓰기

혼자 쓰기

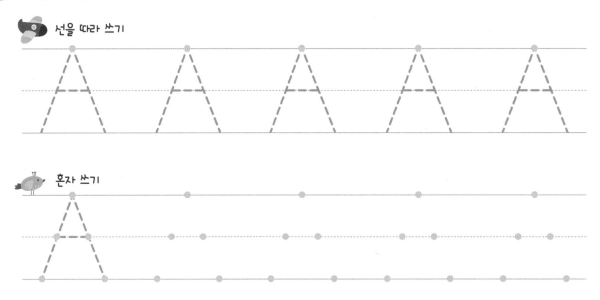

C 대문자 A를 작게 써 보세요.

선을 따라 쓰기

혼자 쓰기

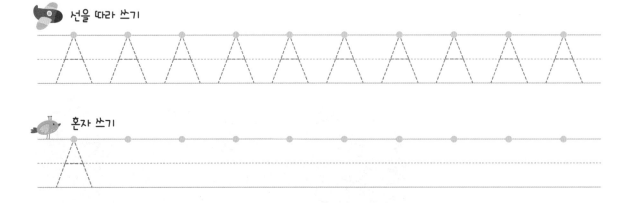

D 대문자 A를 모두 찾아서 동그라미 하세요.

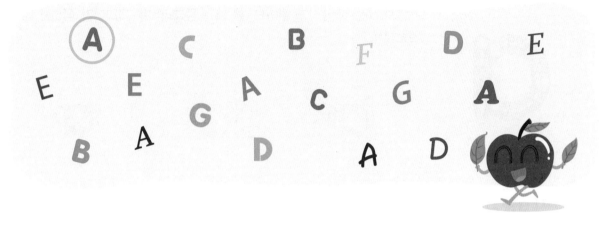

E 대문자 A를 연결해서 길을 찾아 보세요.

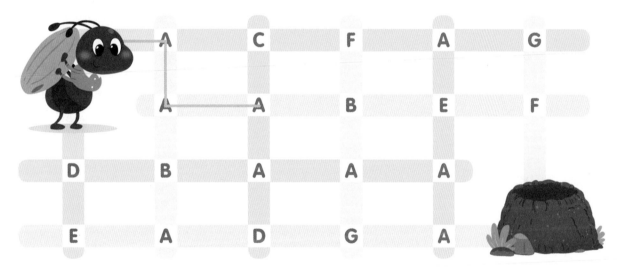

F 대문자 A를 넣어 단어를 완성해 보세요.

❶ NT

❷ CORN

❸ LIGATOR

A 소문자 a를 배워 보세요.

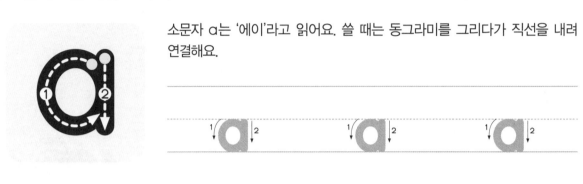

소문자 a는 '에이'라고 읽어요. 쓸 때는 동그라미를 그리다가 직선을 내려 연결해요.

B 소문자 a를 크게 써 보세요.

선을 따라 쓰기

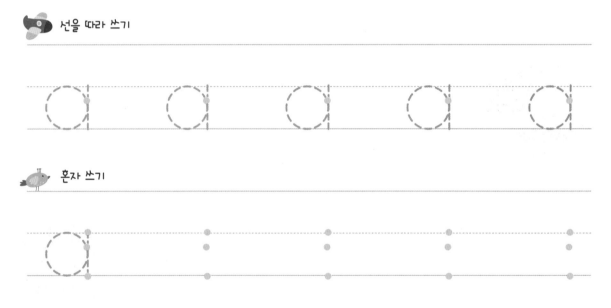

혼자 쓰기

C 소문자 a를 작게 써 보세요.

선을 따라 쓰기

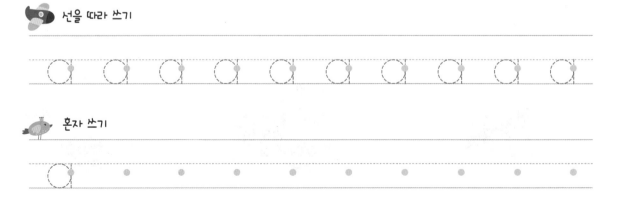

혼자 쓰기

D 소문자 a를 모두 찾아서 동그라미 하세요.

E 소문자 a를 연결해서 길을 찾아 보세요.

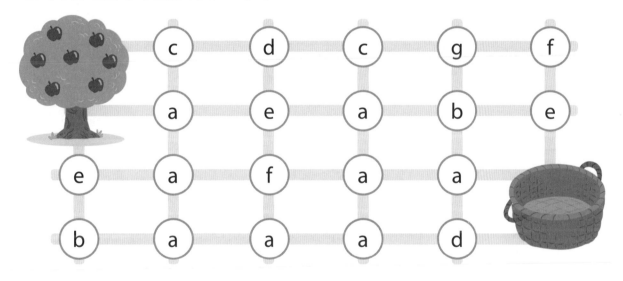

F 소문자 a를 넣어 단어를 완성해 보세요.

❶ ▢mbulance

❷ ▢rrow

❸ ▢rm

Unit 03 ◆ **대문자 B** [비]

A 대문자 B를 배워 보세요.

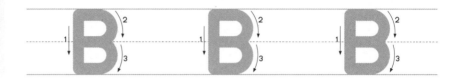

대문자 B는 '비'라고 읽어요. 쓸 때는 직선을 긋고 3자를 그리듯이 쓰면 됩니다.

B 대문자 B를 크게 써 보세요.

선을 따라 쓰기

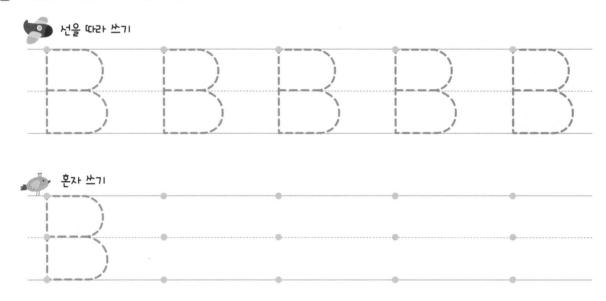

혼자 쓰기

C 대문자 B를 작게 써 보세요.

선을 따라 쓰기

혼자 쓰기

D 대문자 B를 모두 찾아서 동그라미 하세요.

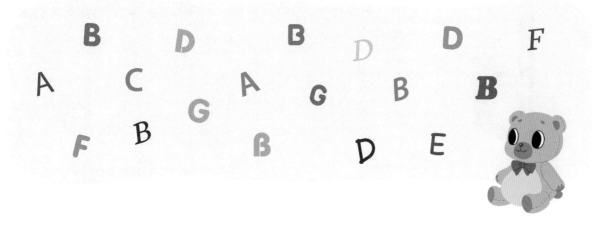

E 대문자 B를 연결해서 길을 찾아 보세요.

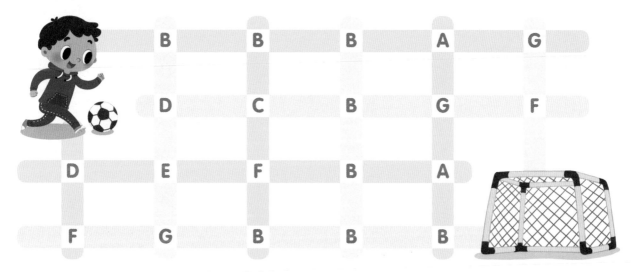

F 대문자 B를 넣어 단어를 완성해 보세요.

① ☐EAR   **②** ☐ALL   **③** ☐OY

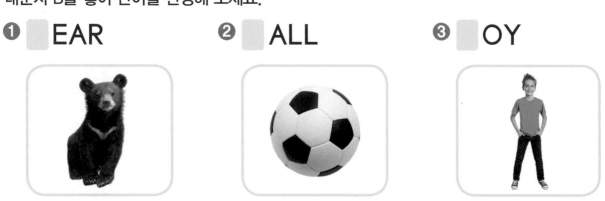

Unit 04 ◆ 소문자 b [비]

A 소문자 b를 배워 보세요.

소문자 b는 '비'라고 읽어요. 쓸 때는 직선을 긋고 동그라미를 작게 그려주면 됩니다.

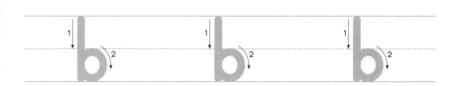

B 소문자 b를 크게 써 보세요.

선을 따라 쓰기

혼자 쓰기

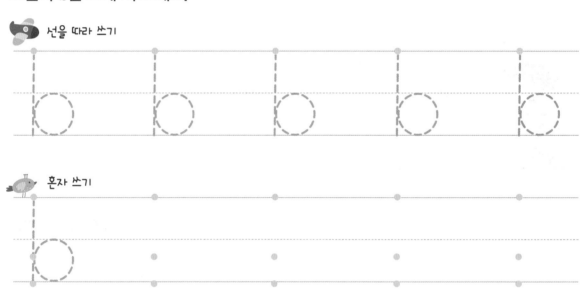

C 소문자 b를 작게 써 보세요.

선을 따라 쓰기

혼자 쓰기

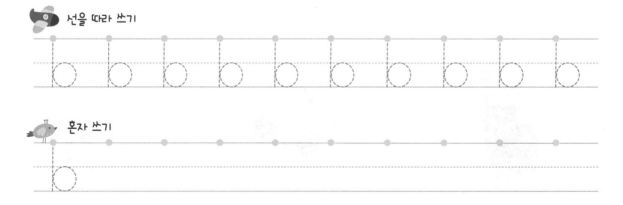

D 소문자 b를 모두 찾아서 동그라미 하세요.

E 소문자 b를 연결해서 길을 찾아 보세요.

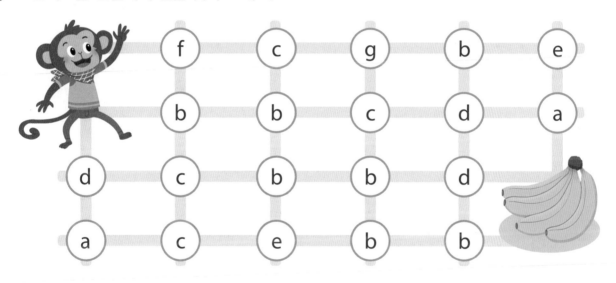

F 소문자 b를 넣어서 단어를 완성해 보세요.

❶ anana

❷ ee

❸ at

A 대문자 C를 배워 보세요.

대문자 C는 '씨'라고 읽어요. 쓸 때는 왼쪽으로 원을 그리듯이 쓰되 원을 다 그리지 말고 남겨 두어요.

B 대문자 C를 크게 써 보세요.

선을 따라 쓰기

혼자 쓰기

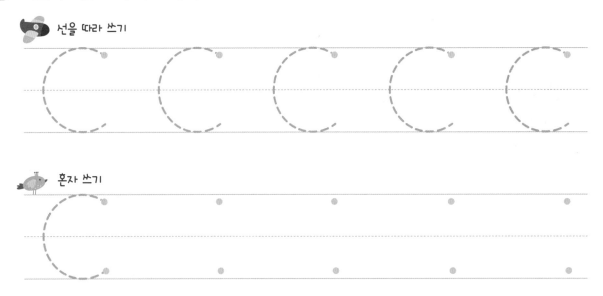

C 대문자 C를 작게 써 보세요.

선을 따라 쓰기

혼자 쓰기

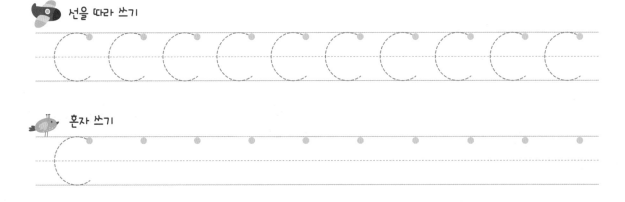

D 대문자 C를 모두 찾아서 동그라미 하세요.

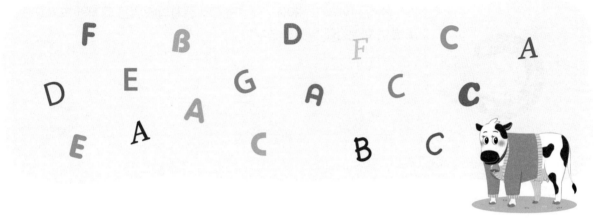

F F B D F C A
D E G A C C
E A A C
E A C B C

E 대문자 C를 연결해서 길을 찾아 보세요.

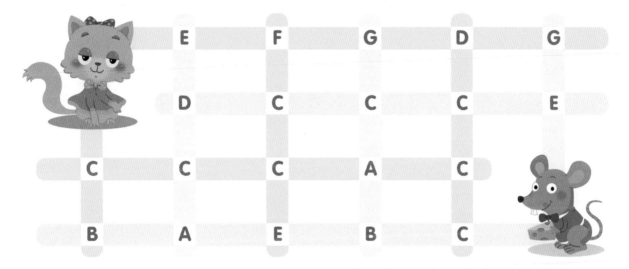

	E	F	G	D	G
	D	C	C	C	E
C	C	C	A	C	
B	A	E	B	C	

F 대문자 C를 넣어 단어를 완성해 보세요.

❶ ▢AT

❷ ▢AKE

❸ ▢OW

A 소문자 c를 배워 보세요.

소문자 c는 '씨'라고 읽어요. 대문자 C와 글자의 모양은 같지만 크기를 반으로 줄여 아래칸에 맞춰서 씁니다.

B 소문자 c를 크게 써 보세요.

🛩 선을 따라 쓰기

🐦 혼자 쓰기

C 소문자 c를 작게 써 보세요.

🛩 선을 따라 쓰기

🐦 혼자 쓰기

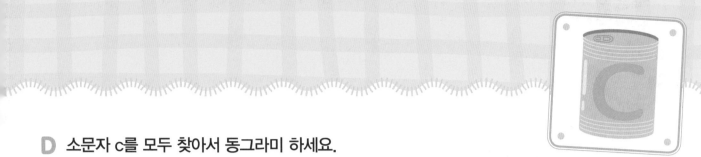

D 소문자 c를 모두 찾아서 동그라미 하세요.

E 소문자 c를 연결해서 길을 찾아 보세요.

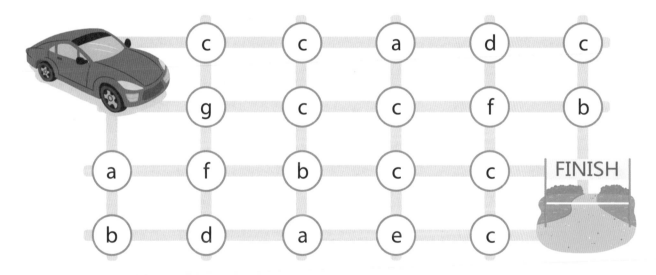

F 소문자 c를 넣어서 단어를 완성해 보세요.

❶ __ar

❷ __amera

❸ __an

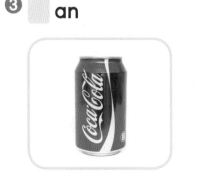

A 대문자 D를 배워 보세요.

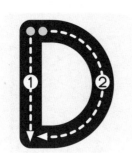

대문자 D는 '디'라고 읽어요. 쓸 때는 직선을 그리고 반원을 그려 직선에 연결하면 됩니다.

B 대문자 D를 크게 써 보세요.

선을 따라 쓰기

혼자 쓰기

C 대문자 D를 작게 써 보세요.

선을 따라 쓰기

혼자 쓰기

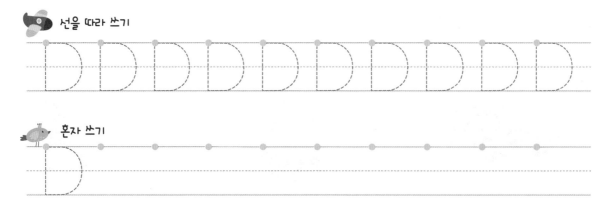

D 대문자 D를 모두 찾아서 동그라미 하세요.

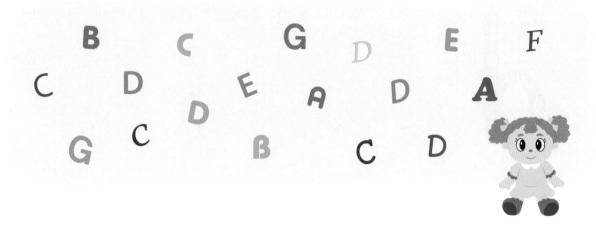

B C G D E F
C D E A D A
G C B C D

E 대문자 D를 연결해서 길을 찾아 보세요.

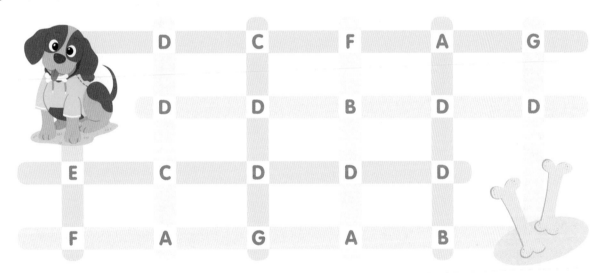

D	C	F	A	G
D	D	B	D	D
E	C	D	D	D
F	A	G	A	B

F 대문자 D를 넣어 단어를 완성해 보세요.

❶ ☐OG   ❷ ☐OLL   ❸ ☐UCK

A 소문자 d를 배워 보세요.

소문자 d는 '디'라고 읽어요. 쓸 때는 직선을 그리고 왼쪽 아래 칸에 원을 그려 직선과 연결하면 됩니다.

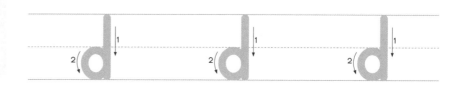

B 소문자 d를 크게 써 보세요.

선을 따라 쓰기

혼자 쓰기

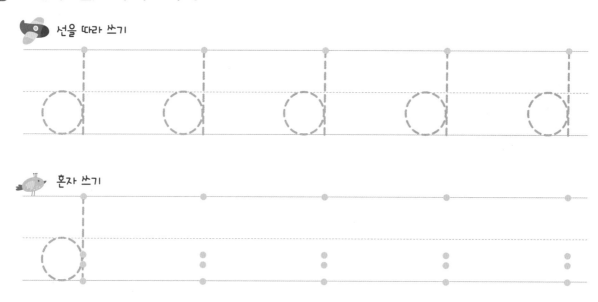

C 소문자 d를 작게 써 보세요.

선을 따라 쓰기

혼자 쓰기

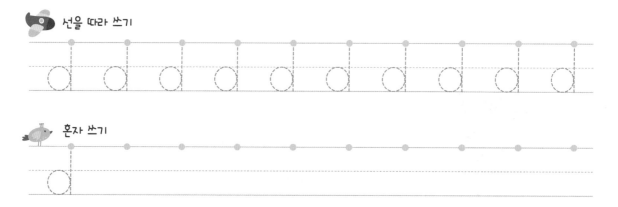

D 소문자 d를 모두 찾아서 동그라미 하세요.

E 소문자 d를 연결해서 길을 찾아 보세요.

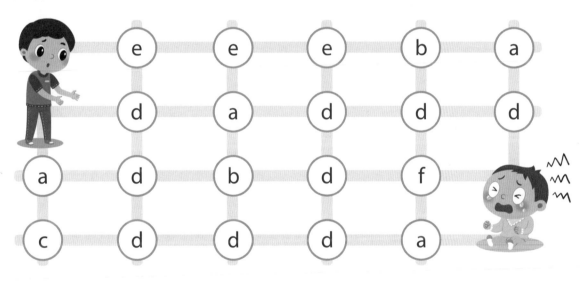

F 소문자 d를 넣어서 단어를 완성해 보세요.

❶ ad

❷ octor

❸ inosaur

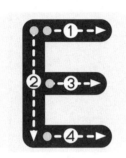

A 대문자 E를 배워 보세요.

대문자 E는 '이'라고 읽어요. 쓸 때는 옆으로 직선을 그은 다음 직선을 내리고 옆으로 두개의 선을 그어요.

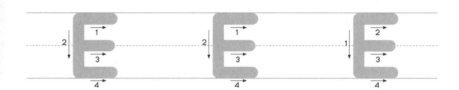

B 대문자 E를 크게 써 보세요.

선을 따라 쓰기

혼자 쓰기

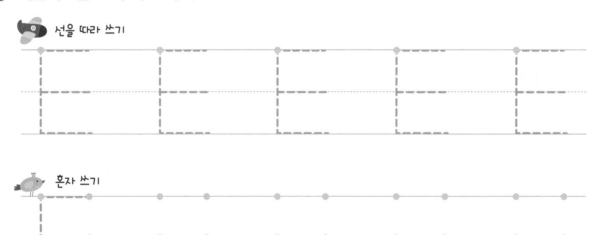

C 대문자 E를 작게 써 보세요.

선을 따라 쓰기

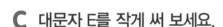

혼자 쓰기

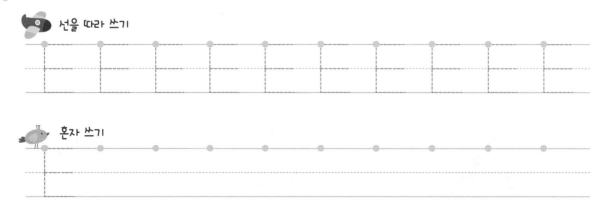

D 대문자 E를 모두 찾아서 동그라미 하세요.

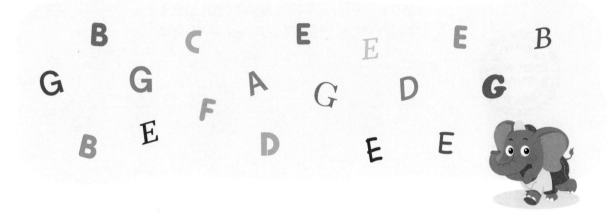

E 대문자 E를 연결해서 길을 찾아 보세요.

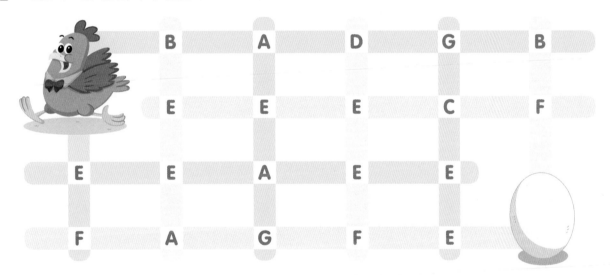

F 대문자 E를 넣어 단어를 완성해 보세요.

❶ [ ]GG

❷ [ ]LEPHANT

❸ [ ]LBOW

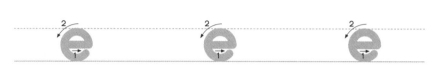

A 소문자 e를 배워 보세요.

소문자 e는 '이'라고 읽어요. 쓸 때는 먼저 옆으로 선을 그은 다음 위로 원을 그리다가 끝까지 연결하지 않고 조금 남겨두어요.

B 소문자 e를 크게 써 보세요.

🛩 선을 따라 쓰기

🐦 혼자 쓰기

C 소문자 e를 작게 써 보세요.

🛩 선을 따라 쓰기

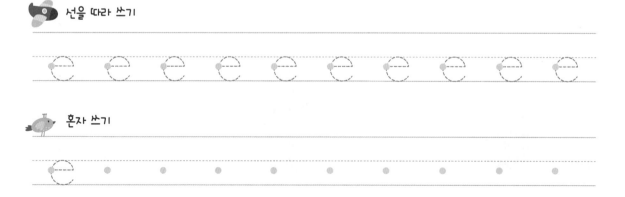

🐦 혼자 쓰기

D 소문자 e를 모두 찾아서 동그라미 하세요.

E 소문자 e를 연결해서 길을 찾아 보세요.

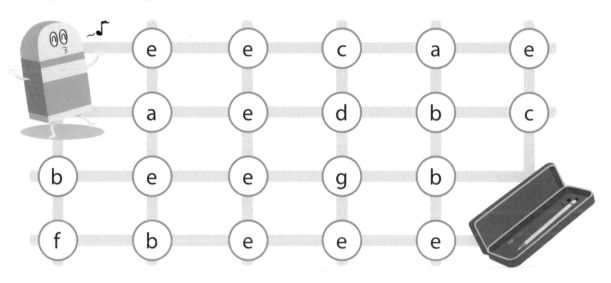

F 소문자 e를 넣어서 단어를 완성해 보세요.

❶ ight

❷ raser

❸ levator

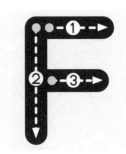

Unit **11** ◆ 대문자 **F** [에프]

＊F는 윗니로 아랫입술을 살짝 누르고 그 사이로 바람을 내보내면서 [ㅍ] 소리를 내 보세요.

A 대문자 F를 배워 보세요.

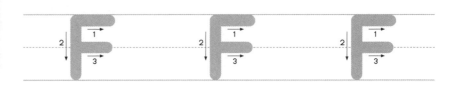

대문자 F는 '에프'라고 읽어요. 쓸 때는 옆으로 직선을 그린 다음 아래로 직선을 내려 주세요. 그리고 가운데 칸에 직선을 옆으로 그려 주세요.

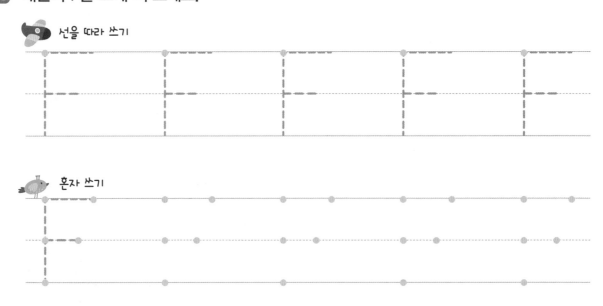

B 대문자 F를 크게 써 보세요.

✈ 선을 따라 쓰기

🐦 혼자 쓰기

C 대문자 F를 작게 써 보세요.

✈ 선을 따라 쓰기

🐦 혼자 쓰기

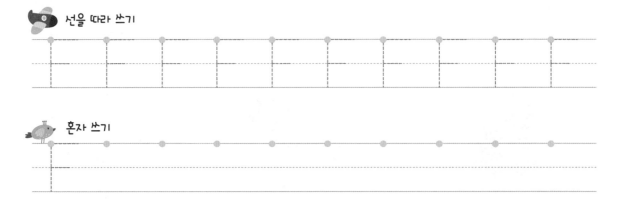

D 대문자 F를 모두 찾아서 동그라미 하세요.

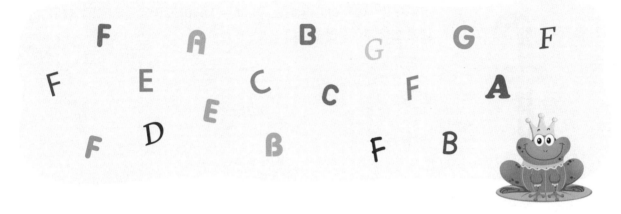

E 대문자 F를 연결해서 길을 찾아 보세요.

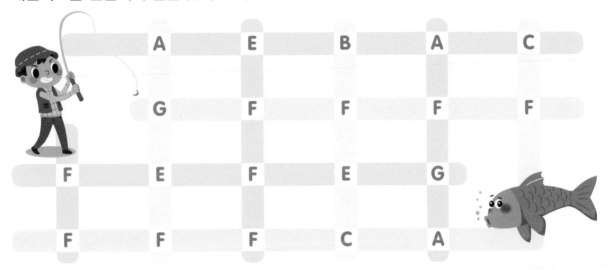

F 대문자 F를 넣어 단어를 완성해 보세요.

❶ ⬜ISH

❷ ⬜AN

❸ ⬜ROG

A 소문자 f를 배워 보세요.

소문자 f는 '에프'라고 읽어요. 쓸 때는 지팡이 모양을 먼저 그림 다음 가운데에 선을 그어주면 됩니다.

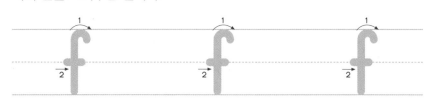

B 소문자 f를 크게 써 보세요.

선을 따라 쓰기

혼자 쓰기

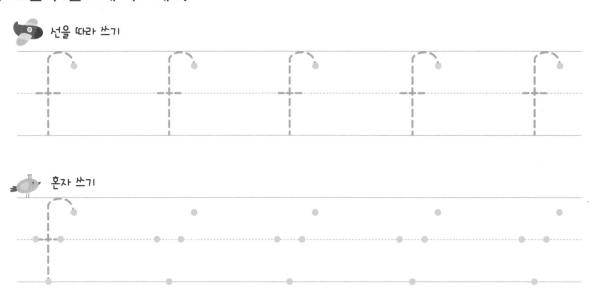

C 소문자 f를 작게 써 보세요.

선을 따라 쓰기

혼자 쓰기

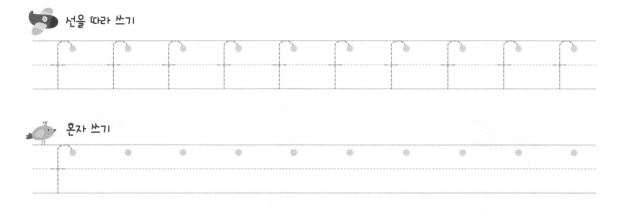

D 소문자 f를 모두 찾아서 동그라미 하세요.

E 소문자 f를 연결해서 길을 찾아 보세요.

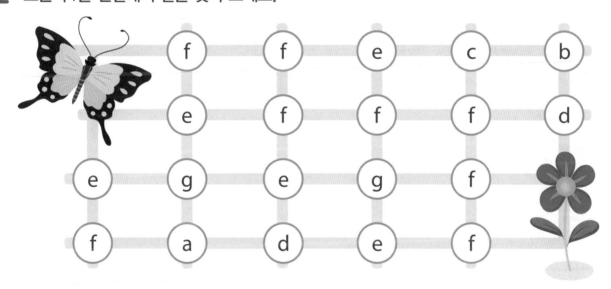

F 소문자 f를 넣어서 단어를 완성해 보세요.

❶ ☐ ive

❷ ☐ oot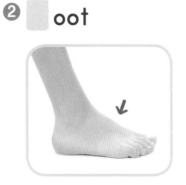

❸ ☐ lower

A 대문자 G를 배워 보세요.

대문자 G는 '쥐'라고 읽어요. 쓸 때는 원을 그리듯이 쓴 다음 가운데 선에서 원 안쪽으로 직선을 그어주면 됩니다.

B 대문자 G를 크게 써 보세요.

선을 따라 쓰기

혼자 쓰기

C 대문자 G를 작게 써 보세요.

선을 따라 쓰기

혼자 쓰기

D 대문자 G를 모두 찾아서 동그라미 하세요.

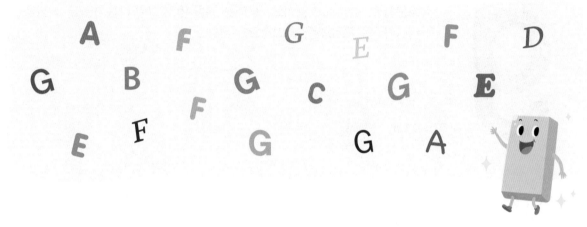

A   F   G   E   F   D

G   B   F   G   C   G   E

F   F

E   F   G   G   A

E 대문자 G를 연결해서 길을 찾아 보세요.

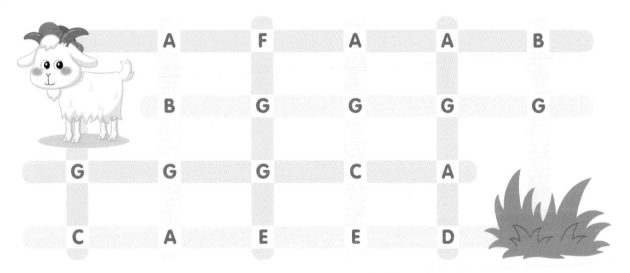

	A	F	A	A	B
	B	G	G	G	G
G	G	G	C	A	
C	A	E	E	D	

F 대문자 G를 넣어 단어를 완성해 보세요.

❶ ☐ OLD   ❷ ☐ OAT   ❸ ☐ REEN

A 소문자 g를 배워 보세요.

소문자 g는 '쥐'라고 읽어요. 쓸 때는 원을 먼저 그린 다음 아래로 직선을 그리다가 왼쪽으로 반원을 그려요.

B 소문자 g를 크게 써 보세요.

선을 따라 쓰기

혼자 쓰기

C 소문자 g를 작게 써 보세요.

선을 따라 쓰기

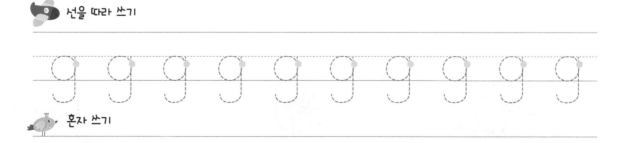

혼자 쓰기

D 소문자 g를 모두 찾아서 동그라미 하세요.

E 소문자 g를 연결해서 길을 찾아 보세요.

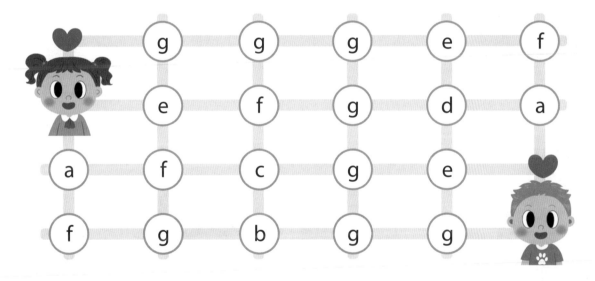

F 소문자 g를 넣어서 단어를 완성해 보세요.

❶ ☐ lass

❷ ☐ uitar

❸ ☐ irl

A 대문자는 소문자와 소문자는 대문자와 연결한 다음 따라 써 보세요.

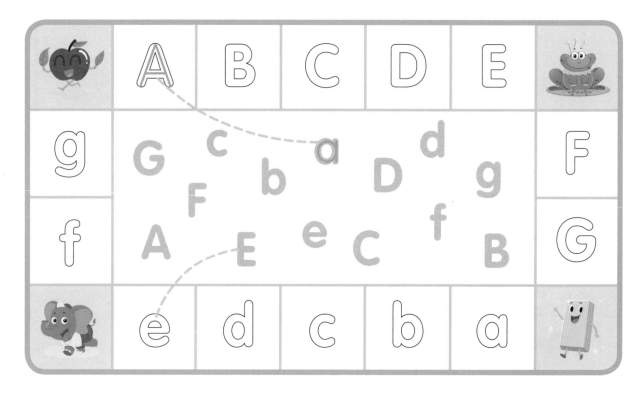

B 대문자에 맞는 소문자, 소문자에 맞는 대문자를 써 보세요.

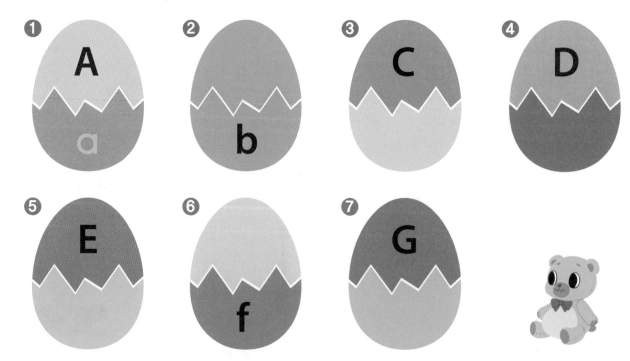

❶ A
a

❷ b

❸ C

❹ D

❺ E

❻ f

❼ G

C 빠진 알파벳 글자를 써 보세요.

❶

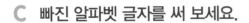

A B   D

❷

E

❸

b c

❹

e f

D 빈 칸에 들어갈 알맞은 알파벳 글자에 ○표 한 다음 써 보세요.

❶

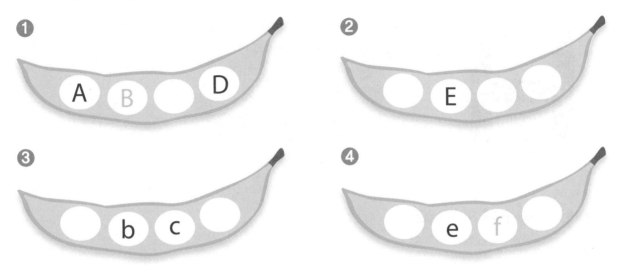

a
b
c

a pple

❷

d
c
b

all

❸

e
d
c

at

❹

e
d
f

uck

E Aa ~ Gg까지 순서대로 써 보세요.

Aa

A 대문자 H를 배워 보세요.

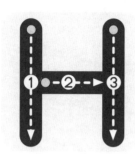

대문자 H는 '에이취'라고 읽어요. 쓸 때는 직선을 먼저 그은 다음 가운데에 선을 긋고 직선을 내려 연결해 주세요.

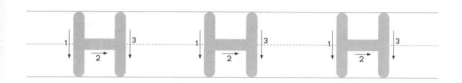

B 대문자 H를 크게 써 보세요.

선을 따라 쓰기

혼자 쓰기

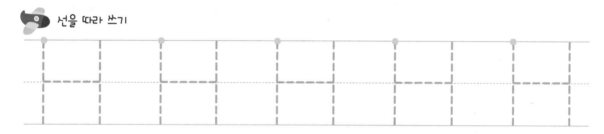

C 대문자 H를 작게 써 보세요.

선을 따라 쓰기

혼자 쓰기

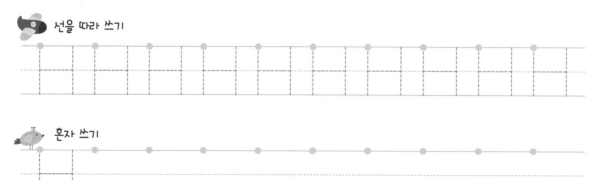

D 대문자 H를 모두 찾아서 동그라미 하세요.

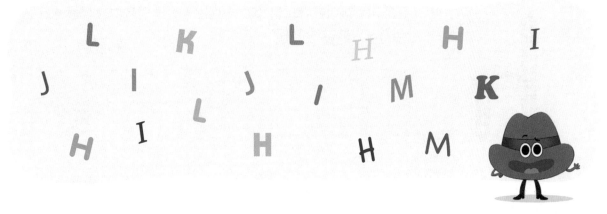

E 대문자 H를 연결해서 길을 찾아 보세요.

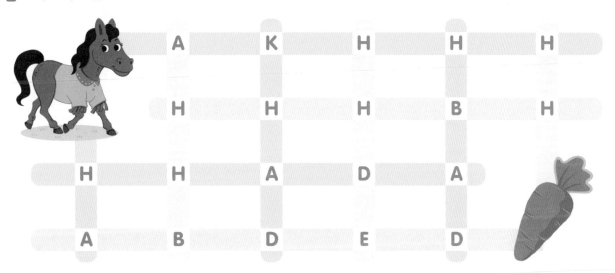

F 대문자 H를 넣어 단어를 완성해 보세요.

❶ ☐AT ❷ ☐AM ❸ ☐ORSE

A 소문자 h를 배워 보세요.

소문자 h는 '에이취'라고 읽어요. 쓸 때는 직선을 먼저 그은 다음 중간 쯤에서 아치 모양을 그려주세요.

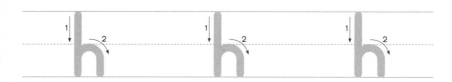

B 소문자 h를 크게 써 보세요.

선을 따라 쓰기

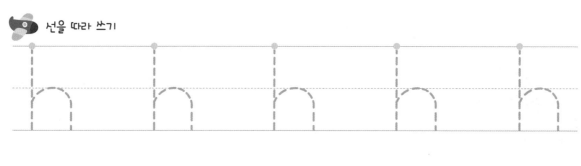

혼자 쓰기

C 소문자 h를 작게 써 보세요.

선을 따라 쓰기

혼자 쓰기

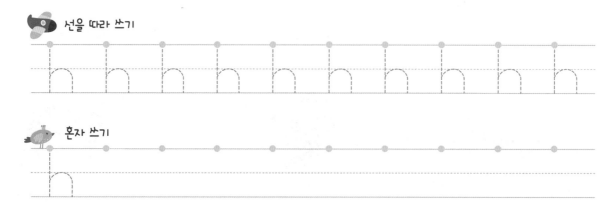

D 소문자 h를 모두 찾아서 동그라미 하세요.

E 소문자 h를 연결해서 길을 찾아 보세요.

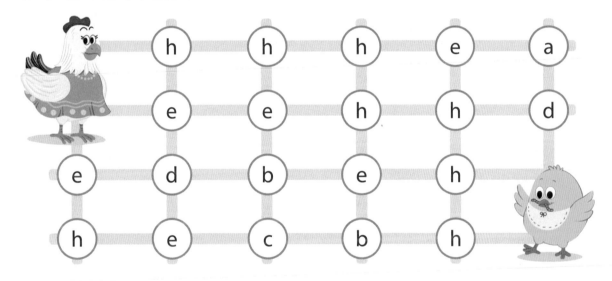

F 소문자 h를 넣어서 단어를 완성해 보세요.

1 en

2 eart

3 ouse

A 대문자 I를 배워 보세요.

대문자 I는 '아이'라고 읽어요. 쓸 때는 옆으로 직선을 그린 다음 아래로 선을 내리고 다시 옆으로 직선을 그려 연결해 주세요.

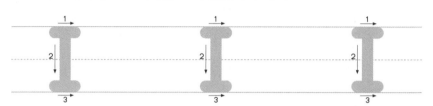

B 대문자 I를 크게 써 보세요.

선을 따라 쓰기

혼자 쓰기

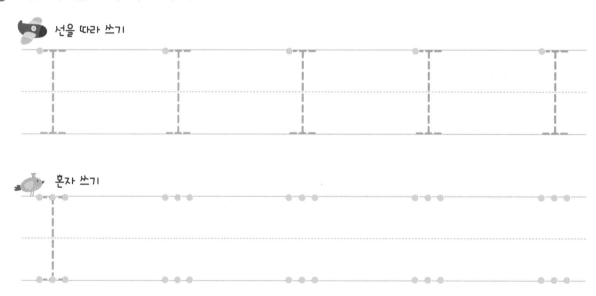

C 대문자 I를 작게 써 보세요.

선을 따라 쓰기

혼자 쓰기

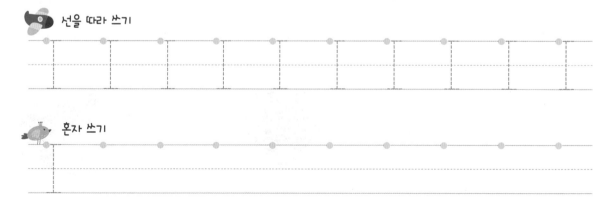

D 대문자 I를 모두 찾아서 동그라미 하세요.

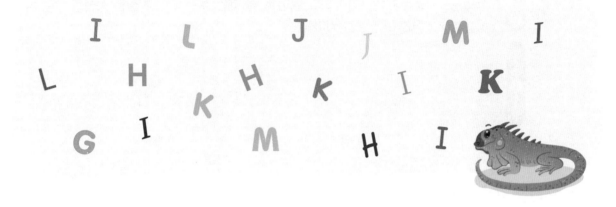

L I L L J J M I
L H H K I K
G I I M H H I

E 대문자 I를 연결해서 길을 찾아 보세요.

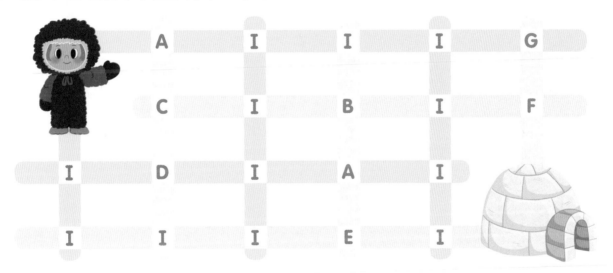

A	I	I	I	G
C	I	B	I	F
I	D	I	A	I
I	I	I	E	I

F 대문자 I를 넣어 단어를 완성해 보세요.

❶ GLOO

❷ GUANA

❸ CE

A 소문자 i를 배워 보세요.

소문자 i는 '아이'라고 읽어요. 쓸 때는 두번째 칸에 짧은 직선을 그린 다음 직선 위에 점을 찍어요.

B 소문자 i를 크게 써 보세요.

선을 따라 쓰기

혼자 쓰기

C 소문자 i를 작게 써 보세요.

선을 따라 쓰기

혼자 쓰기

D 소문자 i를 모두 찾아서 동그라미 하세요.

E 소문자 i를 연결해서 길을 찾아 보세요.

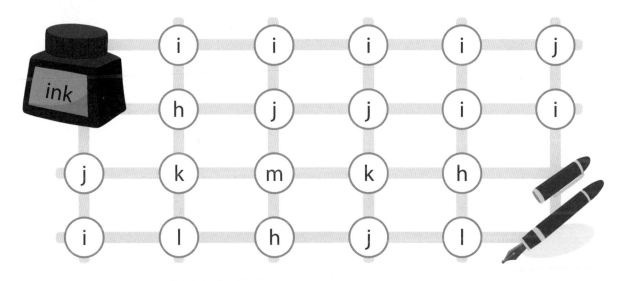

F 소문자 i를 넣어서 단어를 완성해 보세요.

❶ ⬜nk

❷ ⬜cecream

❸ ⬜nsect

A 대문자 J를 배워 보세요.

대문자 J는 '제이'라고 읽어요. 쓸 때는 거꾸로 된 지팡이 모양을 그린 다음 맨 위에 짧은 선을 그어주세요.

B 대문자 J를 크게 써 보세요.

선을 따라 쓰기

혼자 쓰기

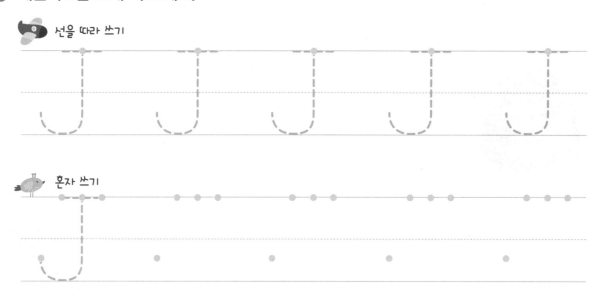

C 대문자 J를 작게 써 보세요.

선을 따라 쓰기

혼자 쓰기

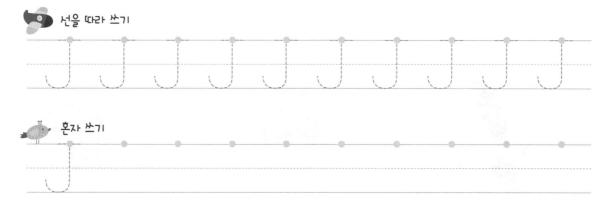

D 대문자 J를 모두 찾아서 동그라미 하세요.

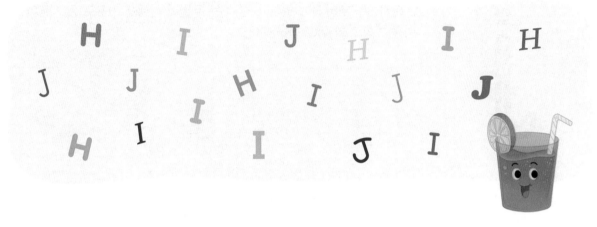

E 대문자 J를 연결해서 길을 찾아 보세요.

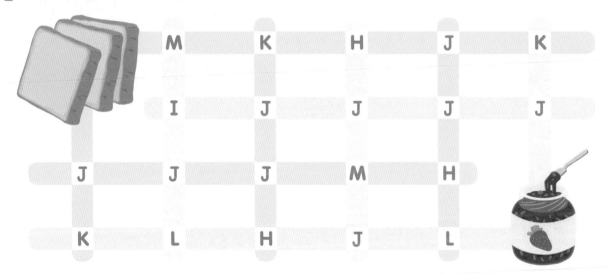

M	K	H	J	K
I	J	J	J	J
J	J	J	M	H
K	L	H	J	L

F 대문자 J를 넣어 단어를 완성해 보세요.

❶ ☐AM

❷ ☐UICE

❸ ☐ELLYFISH

A 소문자 j를 배워 보세요.

소문자 j는 '제이'라고 읽어요. 쓸 때는 두번째 선에서 거꾸로 된 지팡이 모양을 그리고 그 위에 점을 찍어요.

B 소문자 j를 크게 써 보세요.

선을 따라 쓰기

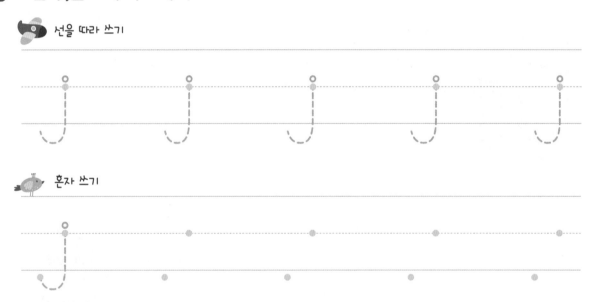

혼자 쓰기

C 소문자 j를 작게 써 보세요.

선을 따라 쓰기

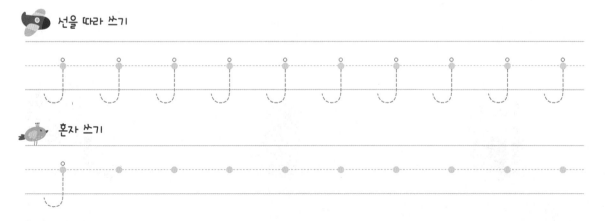

혼자 쓰기

50

D 소문자 j를 모두 찾아서 동그라미 하세요.

E 소문자 j를 연결해서 길을 찾아 보세요.

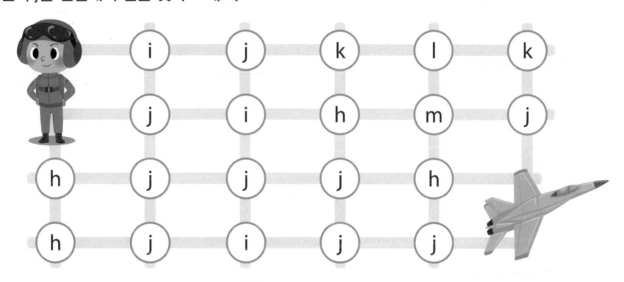

F 소문자 j를 넣어서 단어를 완성해 보세요.

❶ ☐ et

❷ ☐ ungle

❸ ☐ acket

A 대문자 K를 배워 보세요.

대문자 K는 '케이'라고 읽어요. 쓸 때는 직선을 그린 다음 가운데에서 양쪽으로 사선을 바깥으로 뻗어가게 그려줍니다.

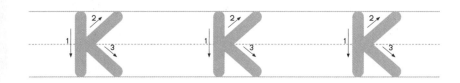

B 대문자 K를 크게 써 보세요.

선을 따라 쓰기

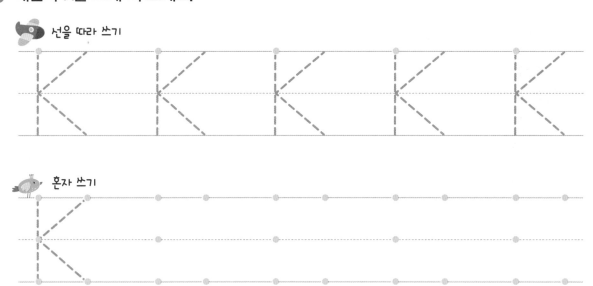

혼자 쓰기

C 대문자 K를 작게 써 보세요.

선을 따라 쓰기

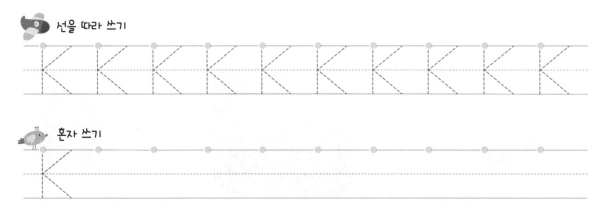

혼자 쓰기

D 대문자 K를 모두 찾아서 동그라미 하세요.

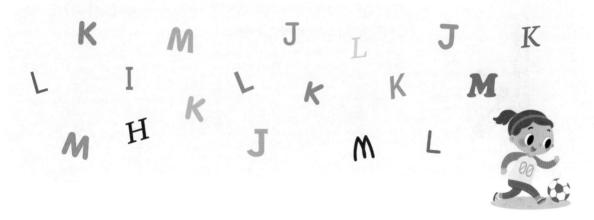

E 대문자 K를 연결해서 길을 찾아 보세요.

F 대문자 K를 넣어 단어를 완성해 보세요.

❶ ING

❷ ITE

❸ ICK

A 소문자 k를 배워 보세요.

소문자 k는 '케이'라고 읽어요. 모양은 대문자와 비슷하지만 사선을 두번째 칸의 중간에서 작게 두개 그려줍니다.

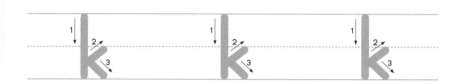

B 소문자 k를 크게 써 보세요.

선을 따라 쓰기

혼자 쓰기

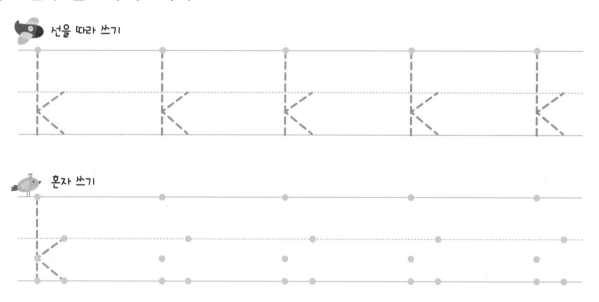

C 소문자 k를 작게 써 보세요.

선을 따라 쓰기

혼자 쓰기

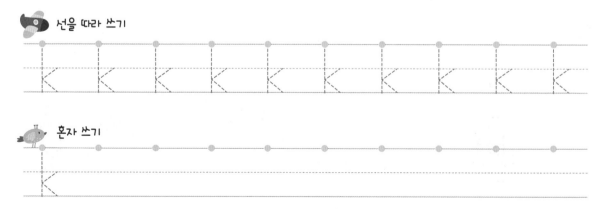

D 소문자 k를 모두 찾아서 동그라미 하세요.

E 소문자 k를 연결해서 길을 찾아 보세요.

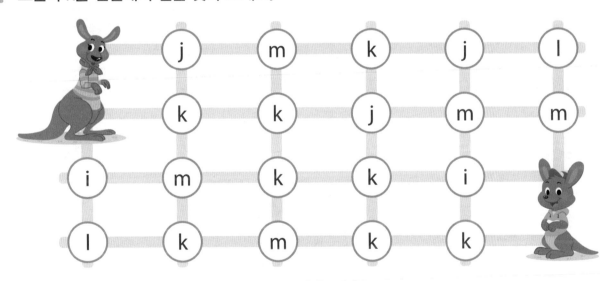

F 소문자 k를 넣어서 단어를 완성해 보세요.

❶ iwi

❷ ey

❸ angaroo

A 대문자 L을 배워 보세요.

대문자 L은 '엘'이라고 읽어요. 쓸 때는 우리말의 ㄴ(니은) 처럼 쓰면 됩니다.

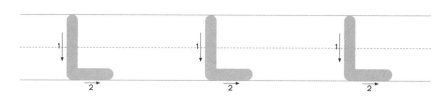

B 대문자 L을 크게 써 보세요.

선을 따라 쓰기

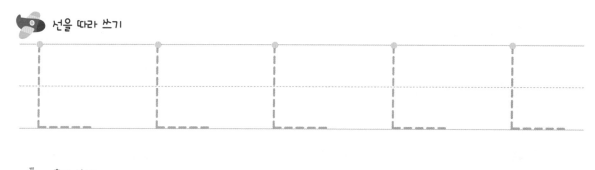

혼자 쓰기

C 대문자 L을 작게 써 보세요.

선을 따라 쓰기

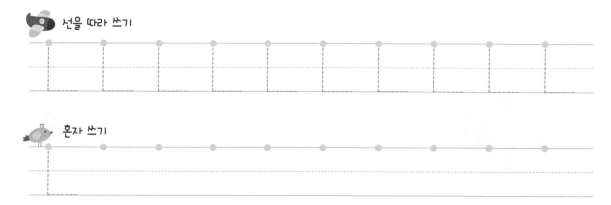

혼자 쓰기

D 대문자 L을 모두 찾아서 동그라미 하세요.

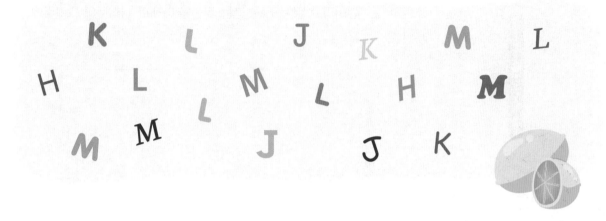

K L J K M L

H L M L H M

M M J J K

E 대문자 L을 연결해서 길을 찾아 보세요.

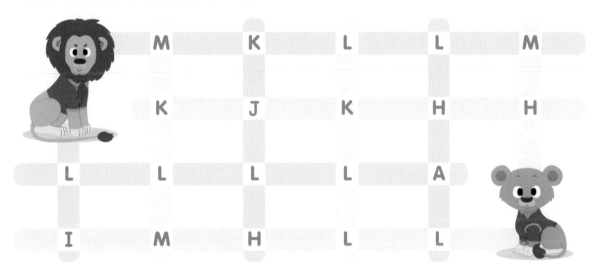

M	K	L	L	M
K	J	K	H	H
L	L	L	L	A
I	M	H	L	L

F 대문자 L을 넣어 단어를 완성해 보세요.

❶ ◻ION

❷ ◻AMP

❸ ◻EMON

A 소문자 l을 배워 보세요.

소문자 l은 '엘'이라고 읽어요. 쓸 때는 직선을 아래로 내리듯이 그려주면 됩니다.

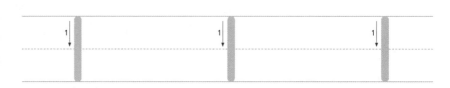

B 소문자 l을 크게 써 보세요.

선을 따라 쓰기

혼자 쓰기

C 소문자 l을 작게 써 보세요.

선을 따라 쓰기

혼자 쓰기

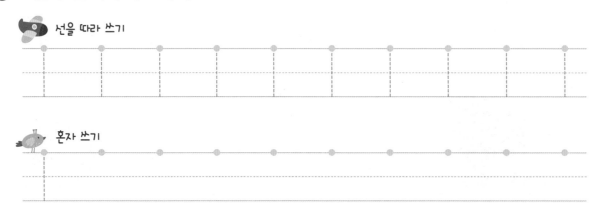

D 소문자 l을 모두 찾아서 동그라미 하세요.

E 소문자 l을 연결해서 길을 찾아 보세요.

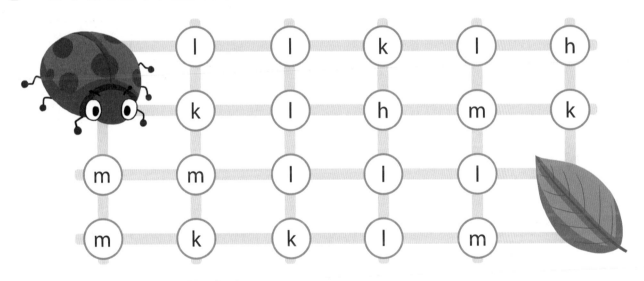

F 소문자 l을 넣어서 단어를 완성해 보세요.

❶ ☐eg

❷ ☐ake

❸ ☐adybug

A 대문자 M을 배워 보세요.

대문자 M은 '엠'이라고 읽어요. 쓸 때는 먼저 직선을 그린다음 브이자 모양을 그리고 다시 직선을 연결하듯 그려요.

B 대문자 M을 크게 써 보세요.

선을 따라 쓰기

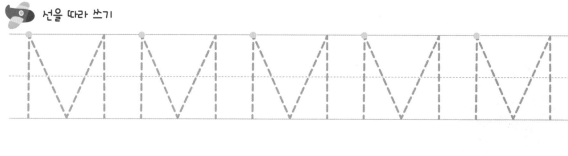

혼자 쓰기

C 대문자 M을 작게 써 보세요.

선을 따라 쓰기

혼자 쓰기

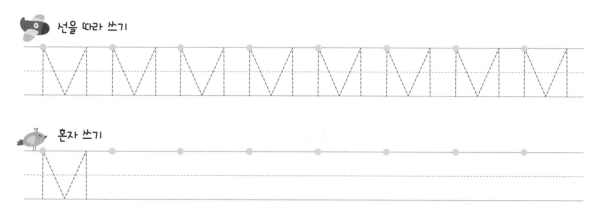

D 대문자 M을 모두 찾아서 동그라미 하세요.

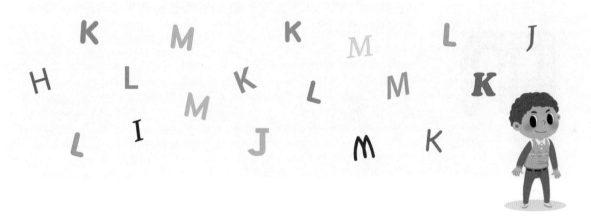

K L M K M L J
H L K L M K
L M
L I J M K

E 대문자 M을 연결해서 길을 찾아 보세요.

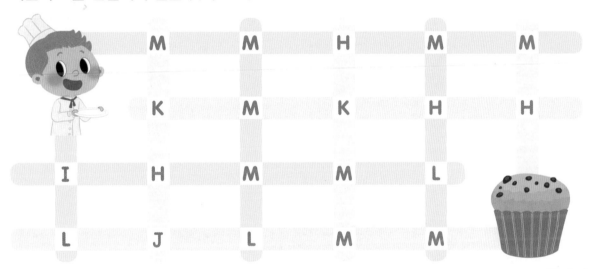

M	M	H	M	M
K	M	K	H	H
I	H	M	M	L
L	J	L	M	M

F 대문자 M을 넣어 단어를 완성해 보세요.

❶ ☐AN ❷ ☐UFFIN ❸ ☐OUSE

A 소문자 m을 배워 보세요.

소문자 m은 '엠'이라고 읽어요. 쓸 때는 직선을 짧게 그리고 아치를 두 개 연결하듯 그립니다.

B 소문자 m을 크게 써 보세요.

 선을 따라 쓰기

혼자 쓰기

C 소문자 m을 작게 써 보세요.

선을 따라 쓰기

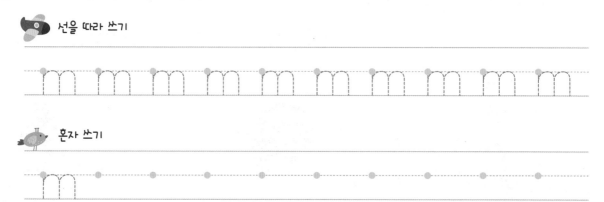

혼자 쓰기

D 소문자 m을 모두 찾아서 동그라미 하세요.

E 소문자 m을 연결해서 길을 찾아 보세요.

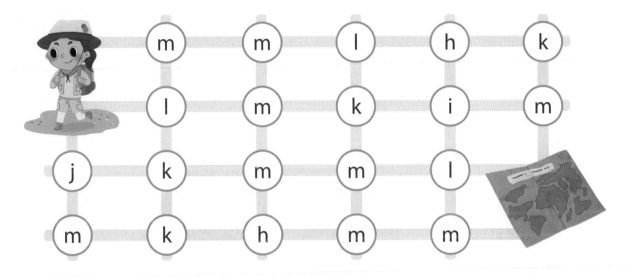

F 소문자 m을 넣어서 단어를 완성해 보세요.

❶ ⬜ onkey

❷ ⬜ ap

❸ ⬜ oon

A 대문자는 소문자와 소문자는 대문자와 연결한 다음 따라 써 보세요.

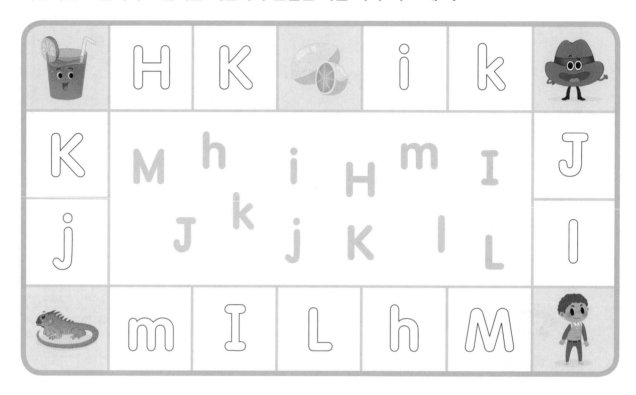

B 대문자에 맞는 소문자, 소문자에 맞는 대문자를 써 보세요.

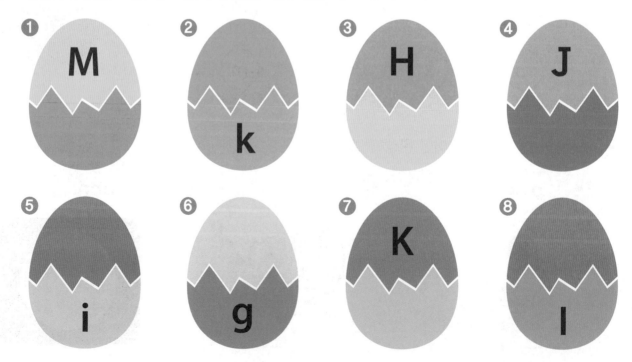

Hh ~ Mm

C 빠진 알파벳 글자를 써 보세요.

1 ⬜ i ⬜ k

2 J K ⬜ ⬜

3 H I ⬜ ⬜

4 h i ⬜ ⬜

D 빈 칸에 들어갈 알맞은 알파벳 글자에 ○표 한 다음 써 보세요.

1 l h k — ⬜ am

2 k m i — ⬜ guana

3 l i m — ⬜ amp

4 j l k — ⬜ iwi

E Hh ~ Mm까지 순서대로 써 보세요.

Hh

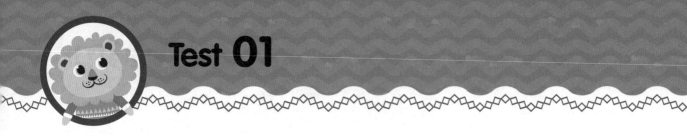

Test 01

A 잘 듣고 알맞은 글자에 동그라미 하세요. 🎧 01

① b d f   ② g c k

③ H L J   ④ A E I

B 잘 듣고 들려주는 글자를 보기에서 찾아 쓰세요. 🎧 02

① _____ ② _____ ③ _____ ④ _____

> B   g   M   J

C 잘 듣고 들려주는 글자로 시작하는 그림에 동그라미 하세요. 🎧 03

①

②

③

④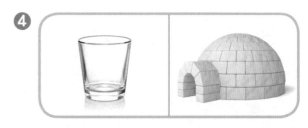

66

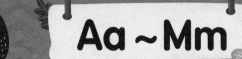
D 알파벳의 대문자와 소문자를 알맞게 연결해 보세요.

① K ·　　　· c
② J ·　　　· m
③ C ·　　　· a
④ M ·　　　· j
⑤ A ·　　　· k

⑥ D ·　　　· e
⑦ F ·　　　· n
⑧ N ·　　　· l
⑨ E ·　　　· d
⑩ L ·　　　· f

E 빠진 알파벳 글자를 쓰세요.

① D ☐ F
② j ☐ l
③ H ☐ J
④ a ☐ c
⑤ L ☐ N
⑥ g ☐ i

F 다음 단어의 첫 알파벳 글자를 쓰세요.

① 　K k

②

③

④

A 대문자 N을 배워 보세요.

대문자 N은 '엔'이라고 읽어요. 쓸 때는 위아래로 직선과 사선, 직선을 지그 재그로 그리면 됩니다.

B 대문자 N을 크게 써 보세요.

✈ 선을 따라 쓰기

✿ 혼자 쓰기

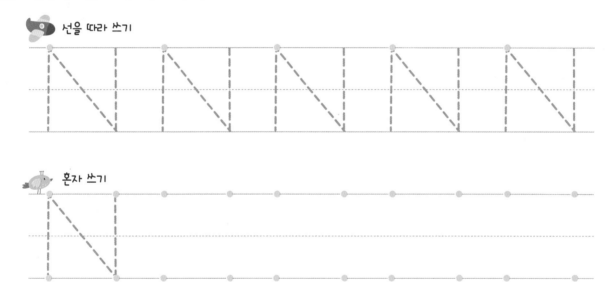

C 대문자 N을 작게 써 보세요.

✈ 선을 따라 쓰기

✿ 혼자 쓰기

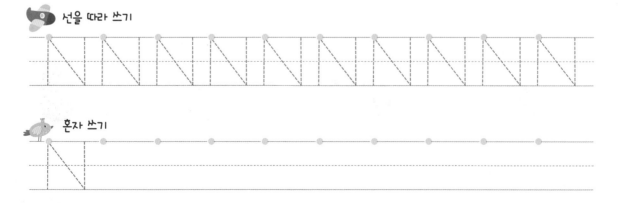

D 대문자 N를 모두 찾아서 동그라미 하세요.

E 대문자 N을 연결해서 길을 찾아 보세요.

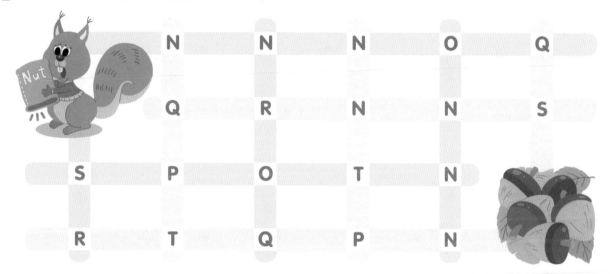

F 대문자 N를 넣어 단어를 완성해 보세요.

❶ ▢UT

❷ ▢EST

❸ ▢INE

A 소문자 n을 배워 보세요.

소문자 n은 '엔'이라고 읽어요. 쓸 때는 아래칸에 직선을 아래로 내렸다가 그대로 다시 위로 올려서 둥글게 터널처럼 그리면 됩니다.

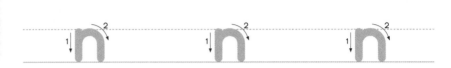

B 소문자 n을 크게 써 보세요.

선을 따라 쓰기

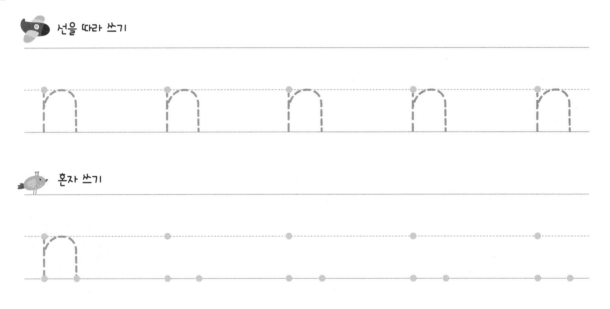

혼자 쓰기

C 소문자 n을 작게 써 보세요.

선을 따라 쓰기

혼자 쓰기

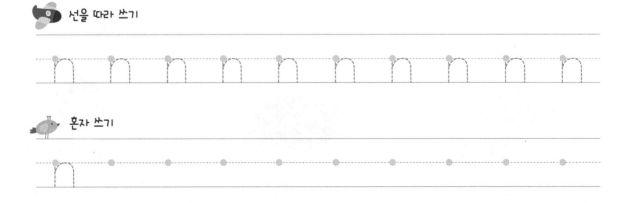

D 소문자 n을 모두 찾아서 동그라미 하세요.

E 소문자 n을 연결해서 길을 찾아 보세요.

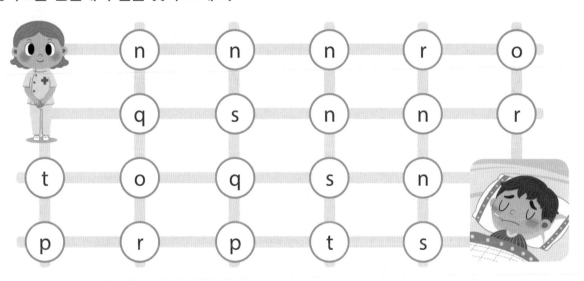

F 소문자 n을 넣어서 단어를 완성해 보세요.

❶ ecklace

❷ urse

❸ et

Unit 29 ◆ 대문자 **O** [오우]

A 대문자 O를 배워 보세요.

대문자 O는 '오우'라고 읽어요. 쓸 때는 보름달을 그리듯이 동그라미를 쓰면 됩니다.

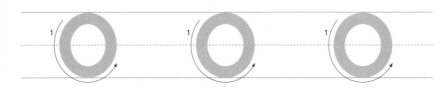

B 대문자 O를 크게 써 보세요.

선을 따라 쓰기

혼자 쓰기

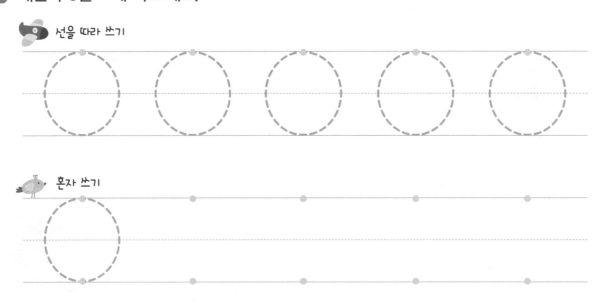

C 대문자 O를 작게 써 보세요.

선을 따라 쓰기

혼자 쓰기

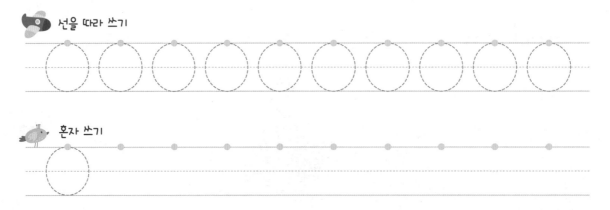

D 대문자 O를 모두 찾아서 동그라미 하세요.

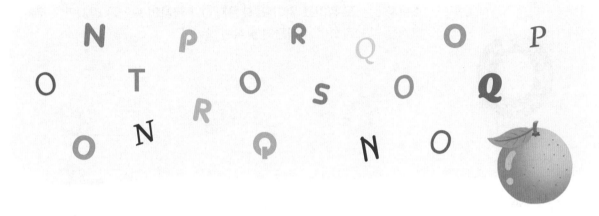

E 대문자 O를 연결해서 길을 찾아 보세요.

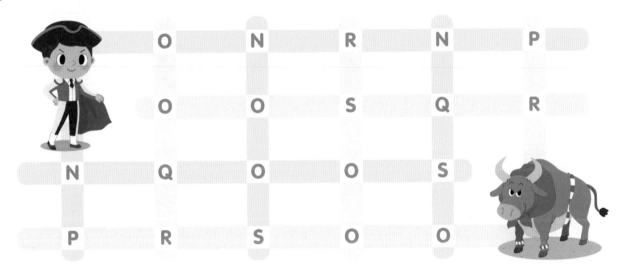

F 대문자 O를 넣어 단어를 완성해 보세요.

❶ ⬜ X

❷ ⬜ RANGE

❸ ⬜ LIVE

A 소문자 o를 배워 보세요.

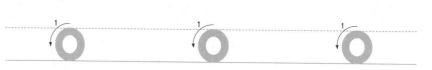

소문자 o는 '오우'라고 읽어요. 대문자 O와 글자의 모양은 같지만 소문자는 크기를 반으로 줄여 아래칸에 맞춰서 씁니다.

B 소문자 o를 크게 써 보세요.

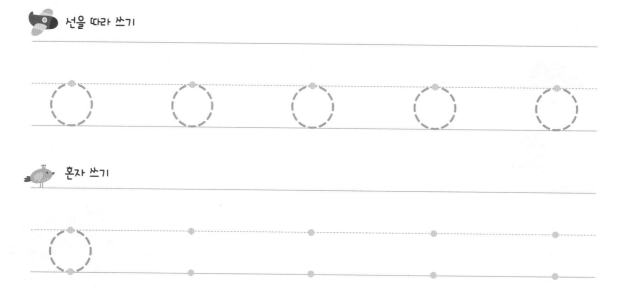

선을 따라 쓰기

혼자 쓰기

C 소문자 o를 작게 써 보세요.

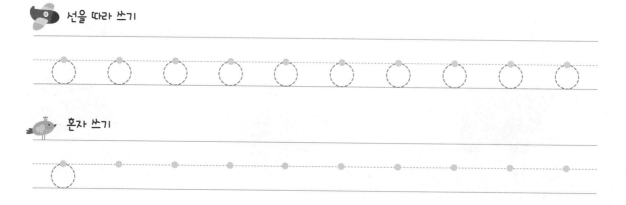

선을 따라 쓰기

혼자 쓰기

D 소문자 o를 모두 찾아서 동그라미 하세요.

E 소문자 o를 연결해서 길을 찾아 보세요.

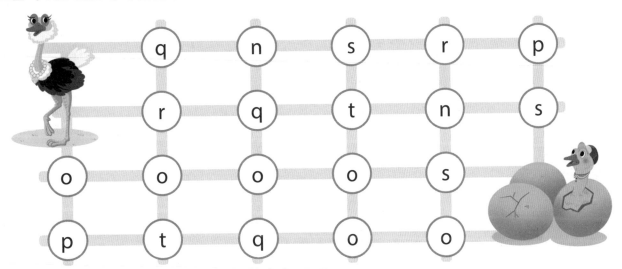

F 소문자 o를 넣어서 단어를 완성해 보세요.

❶ ▢nion

❷ ▢strich

❸ ▢ctopus

A 대문자 P를 배워 보세요.

대문자 P는 '피'라고 읽어요. 쓸 때는 직선을 위에서부터 아래로 쭉 내린 다음 위에서 반 정도 길이만 반원을 그립니다.

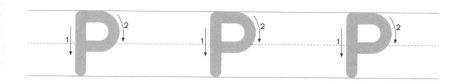

B 대문자 P를 크게 써 보세요.

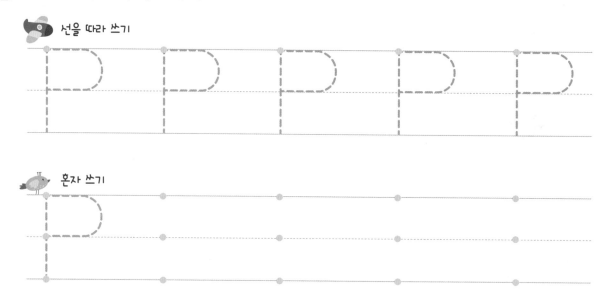

C 대문자 P를 작게 써 보세요.

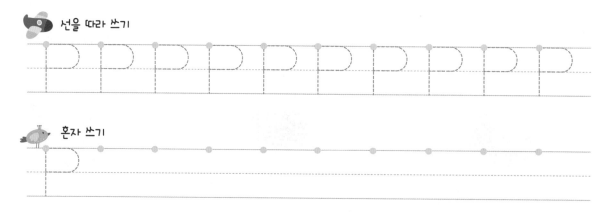

D 대문자 P를 모두 찾아서 동그라미 하세요.

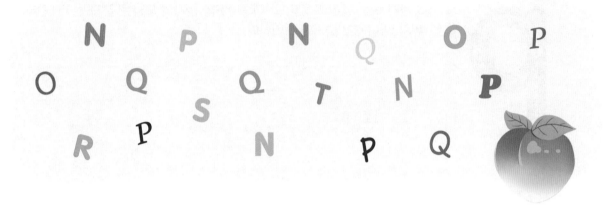

N P N O P
O Q Q S T N P
R P S P Q

E 대문자 P를 연결해서 길을 찾아 보세요.

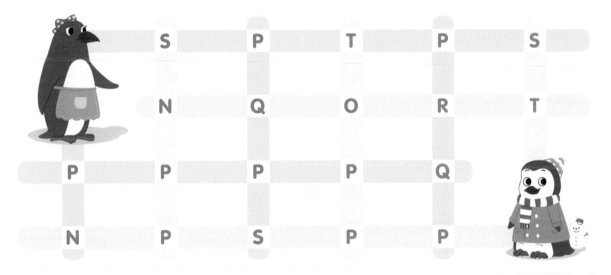

S	P	T	P	S
N	Q	O	R	T
P	P	P	P	Q
N	P	S	P	P

F 대문자 P를 넣어 단어를 완성해 보세요.

❶ ☐ENGUIN　　**❷** ☐EACH　　**❸** ☐UMPKIN

A 소문자 p를 배워 보세요.

소문자 p는 '피'라고 읽어요. 대문자 P와 글자의 모양은 같지만 아래칸부터 써서 칸 아래로 나가게 그립니다.

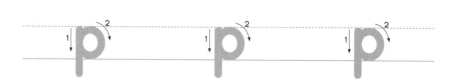

B 소문자 p를 크게 써 보세요.

선을 따라 쓰기

혼자 쓰기

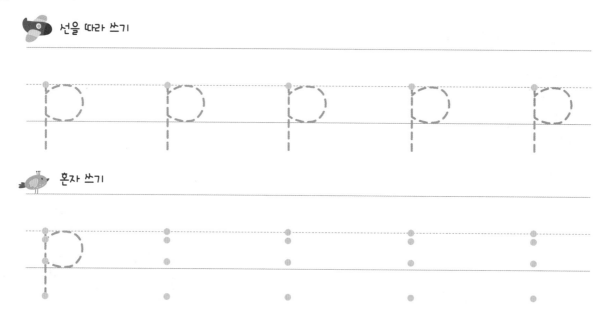

C 소문자 p를 작게 써 보세요.

선을 따라 쓰기

혼자 쓰기

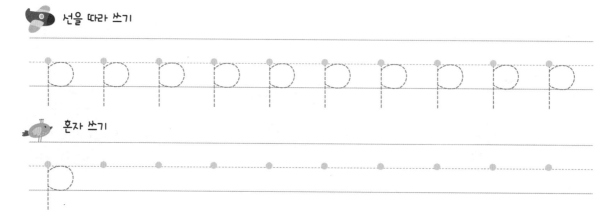

D 소문자 p를 모두 찾아서 동그라미 하세요.

E 소문자 p를 연결해서 길을 찾아 보세요.

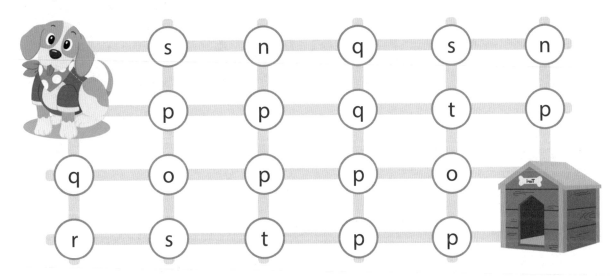

F 소문자 p를 넣어서 단어를 완성해 보세요.

❶ ☐uppy

❷ ☐ea

❸ ☐iano

 **Unit 33** ◆ 대문자 **Q** [큐]

A 대문자 Q를 배워 보세요.

대문자 Q는 '큐우'라고 읽어요. 쓸 때는 원을 먼저 그리고 나서 원 오른쪽 아래에 꼬리를 사선으로 짧게 그립니다.

B 대문자 Q를 크게 써 보세요.

🛩️ 선을 따라 쓰기

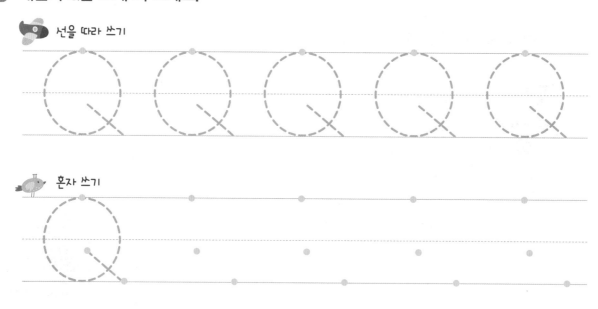

🐦 혼자 쓰기

C 대문자 Q를 작게 써 보세요.

🛩️ 선을 따라 쓰기

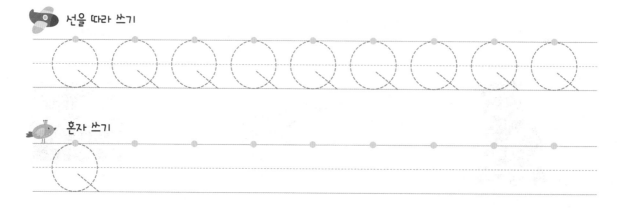

🐦 혼자 쓰기

D 대문자 Q를 모두 찾아서 동그라미 하세요.

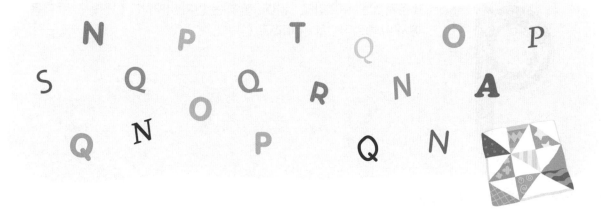

E 대문자 Q를 연결해서 길을 찾아 보세요.

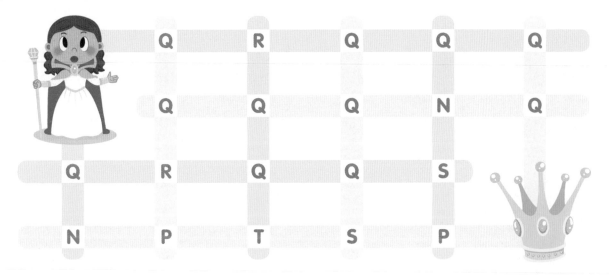

F 대문자 Q를 넣어 단어를 완성해 보세요.

❶ ⬜UEEN   **❷** ⬜UESTION   **❸** ⬜UILT

A 소문자 q를 배워 보세요.

소문자 q는 '큐우'라고 읽어요. 쓸 때는 먼저 아래칸에 반원을 그린 다음, 위에서 아래로 직선을 칸 아래로 씁니다.

B 소문자 q를 크게 써 보세요.

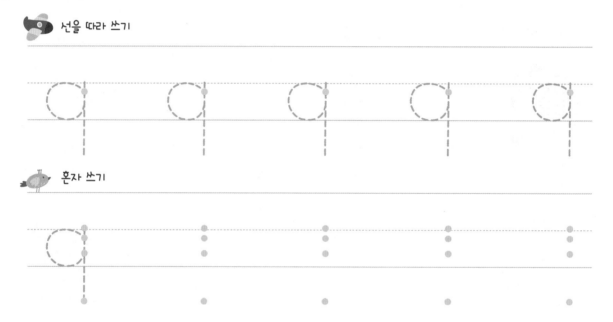

선을 따라 쓰기

혼자 쓰기

C 소문자 q를 작게 써 보세요.

선을 따라 쓰기

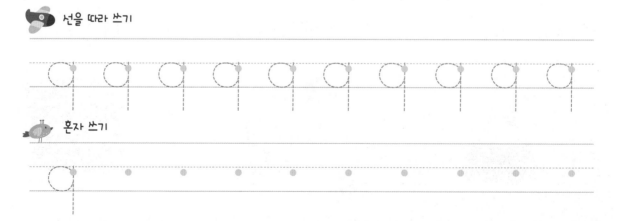

혼자 쓰기

D 소문자 q를 모두 찾아서 동그라미 하세요.

E 소문자 q를 연결해서 길을 찾아 보세요.

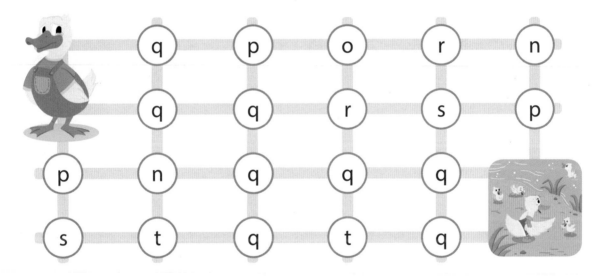

F 소문자 q를 넣어서 단어를 완성해 보세요.

❶ ⬜ uiet

❷ ⬜ uiz

❸ ⬜ uack

A 대문자 R을 배워 보세요.

대문자 R은 '알'이라고 읽어요. 쓸 때는 먼저 직선을 아래로 그린 다음에 윗 칸에는 반원을 그 아래칸에는 사선을 연결해서 씁니다.

B 대문자 R을 크게 써 보세요.

선을 따라 쓰기

혼자 쓰기

C 대문자 R을 작게 써 보세요.

선을 따라 쓰기

혼자 쓰기

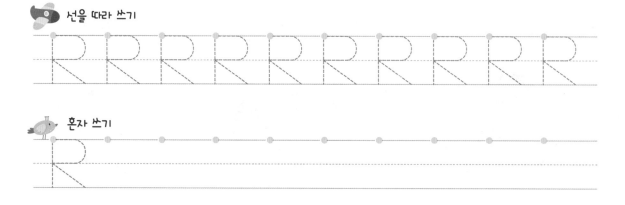

D 대문자 R을 모두 찾아서 동그라미 하세요.

E 대문자 R을 연결해서 길을 찾아 보세요.

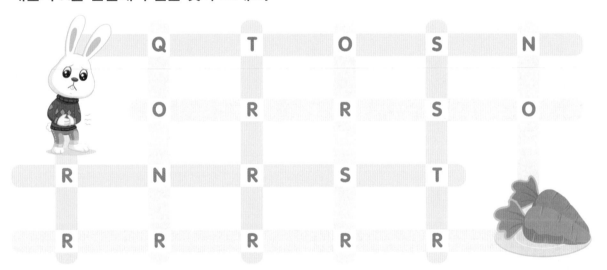

F 대문자 R를 넣어 단어를 완성해 보세요.

❶ ABBIT　　❷ ADIO　　❸ OSE

A 소문자 r을 배워 보세요.

소문자 r은 '알'이라고 읽어요. 쓸 때는 아래칸에 직선을 아래로 먼저 그리고, 그대로 직선으로 올리다가 오른쪽으로 가지처럼 살짝 씁니다.

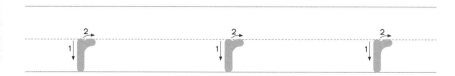

B 소문자 r을 크게 써 보세요.

선을 따라 쓰기

혼자 쓰기

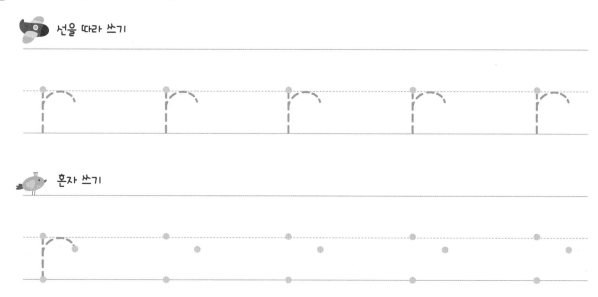

C 소문자 r을 작게 써 보세요.

선을 따라 쓰기

혼자 쓰기

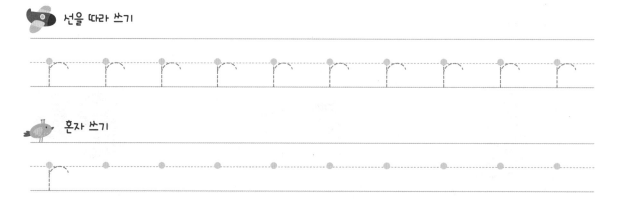

D 소문자 r을 모두 찾아서 동그라미 하세요.

E 소문자 r을 연결해서 길을 찾아 보세요.

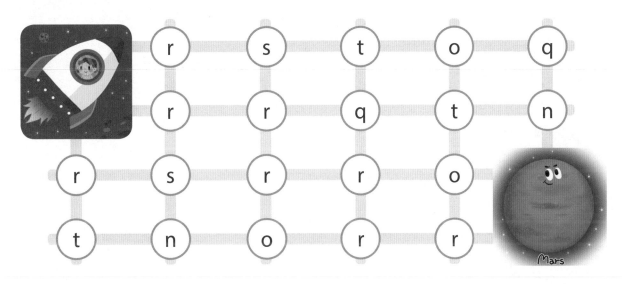

F 소문자 r을 넣어서 단어를 완성해 보세요.

❶ ocket

❷ obot

❸ ain

A 대문자 S를 배워 보세요.

대문자 S는 '에스'라고 읽어요. 쓸 때는 뱀을 그리듯이 부드럽게 선을 한번에 그려보세요.

B 대문자 S를 크게 써 보세요.

선을 따라 쓰기

혼자 쓰기

C 대문자 S를 작게 써 보세요.

선을 따라 쓰기

혼자 쓰기

D 대문자 S를 모두 찾아서 동그라미 하세요.

S O N T S N
S T Q T S R R
S R Q N S Q

E 대문자 S를 연결해서 길을 찾아 보세요.

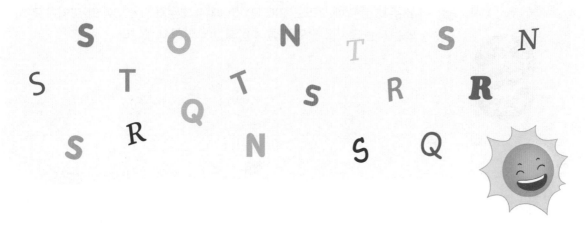

S	S	O	T	N
R	S	S	S	S
N	T	S	T	Q
Q	R	O	N	R

F 대문자 S를 넣어 단어를 완성해 보세요.

① ◻NAIL　　② ◻NAKE　　③ ◻UN

A 소문자 s를 배워 보세요.

소문자 s는 '에스'라고 읽어요. 쓸 때는 대문자 S와 글자의 모양은 같지만 소문자는 크기를 반으로 줄여 아래칸에 맞춰서 씁니다.

B 소문자 s를 크게 써 보세요.

선을 따라 쓰기

혼자 쓰기

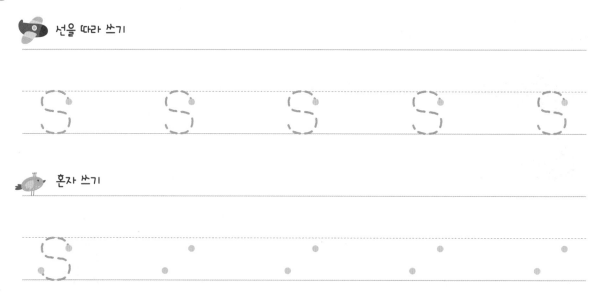

C 소문자 s를 작게 써 보세요.

선을 따라 쓰기

혼자 쓰기

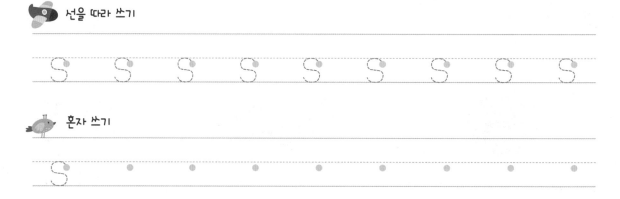

D 소문자 s를 모두 찾아서 동그라미 하세요.

E 소문자 s를 연결해서 길을 찾아 보세요.

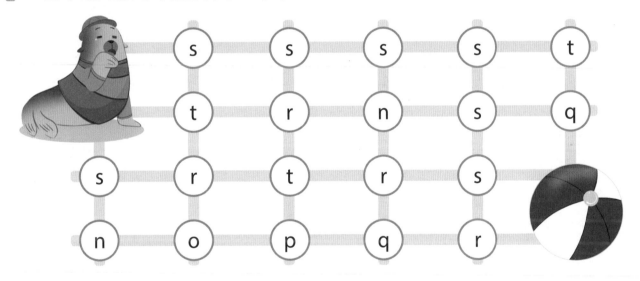

F 소문자 s를 넣어서 단어를 완성해 보세요.

① ⬜kate

② ⬜eal

③ ⬜pider

A 대문자 T를 배워 보세요.

대문자 T는 '티'라고 읽어요. 가로로 선을 그리고 나서 그린 선의 중앙에서 선을 내리듯이 그립니다.

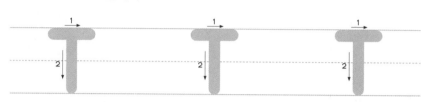

B 대문자 T를 크게 써 보세요.

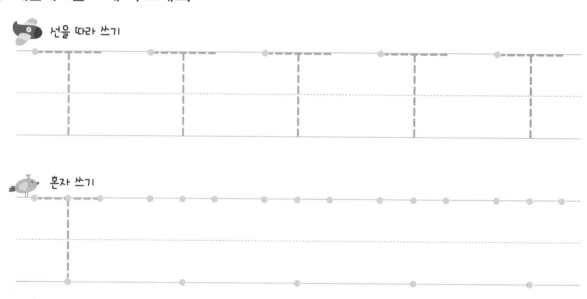

선을 따라 쓰기

혼자 쓰기

C 대문자 T를 작게 써 보세요.

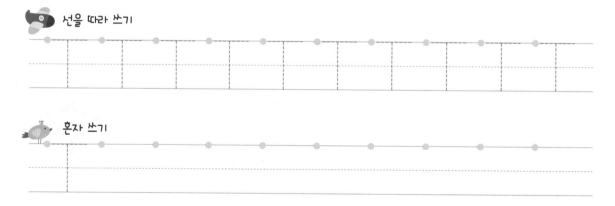

선을 따라 쓰기

혼자 쓰기

D 대문자 T를 모두 찾아서 동그라미 하세요.

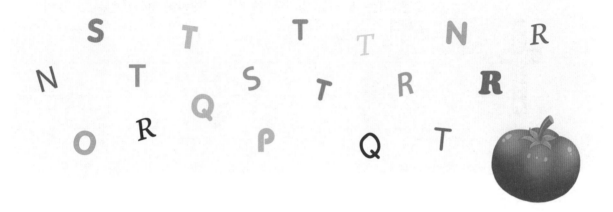

S T T T N R
N T S T R R
O R Q P Q T

E 대문자 T를 연결해서 길을 찾아 보세요.

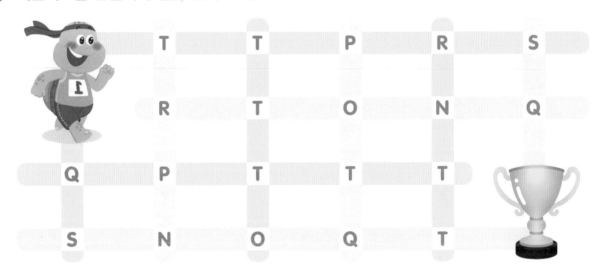

	T	T	P	R	S
	R	T	O	N	Q
Q	P	T	T	T	
S	N	O	Q	T	

F 대문자 T를 넣어 단어를 완성해 보세요.

❶ ☐URTLE   ❷ ☐IGER   ❸ ☐OMATO

A 소문자 t를 배워 보세요.

소문자 t는 '티'라고 읽어요. 쓸 때는 아래칸에 덧셈기호를 그리듯이 쓰면 됩니다.

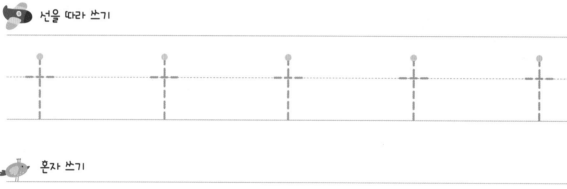

B 소문자 t를 크게 써 보세요.

선을 따라 쓰기

혼자 쓰기

C 소문자 t를 작게 써 보세요.

선을 따라 쓰기

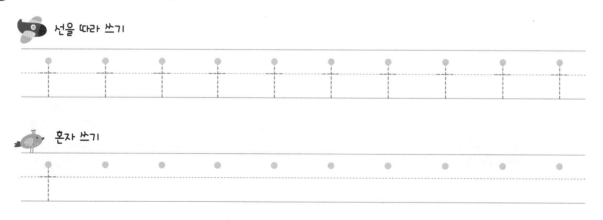

혼자 쓰기

D 소문자 t를 모두 찾아서 동그라미 하세요.

E 소문자 t를 연결해서 길을 찾아 보세요.

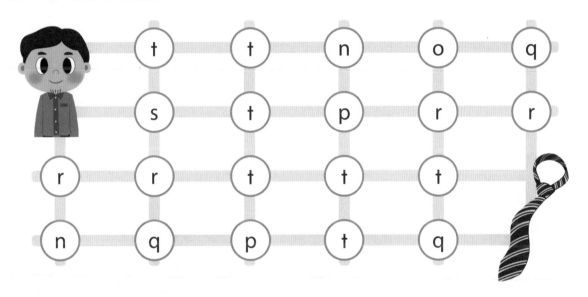

F 소문자 t를 넣어서 단어를 완성해 보세요.

❶ ent

❷ rain

❸ ie

A 대문자는 소문자와 소문자는 대문자와 연결한 다음 따라 써 보세요.

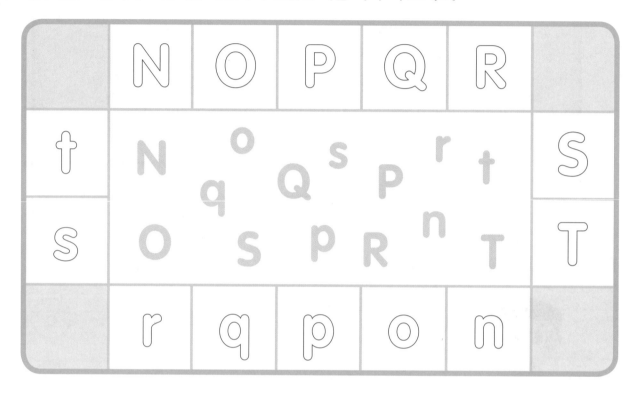

B 대문자에 맞는 소문자, 소문자에 맞는 대문자를 써 보세요.

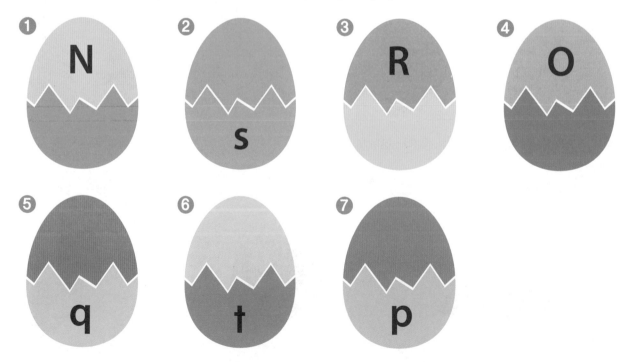

C 빠진 알파벳 글자를 써 보세요.

1 N _ P _

2 Q _ _ T

3 _ p q _

4 _ r s _

D 빈 칸에 들어갈 알맞은 알파벳 글자에 ○표 한 다음 써 보세요.

1 n o p __uppy

2 n o p __ut

3 r s t __obot

4 r s t __omato

E Nn ~ Tt까지 순서대로 써 보세요.

Nn

A 대문자 U를 배워 보세요.

대문자 U는 '유'라고 읽어요. 쓸 때는 웅덩이처럼 그리면 됩니다.

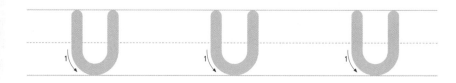

B 대문자 U를 크게 써 보세요.

선을 따라 쓰기

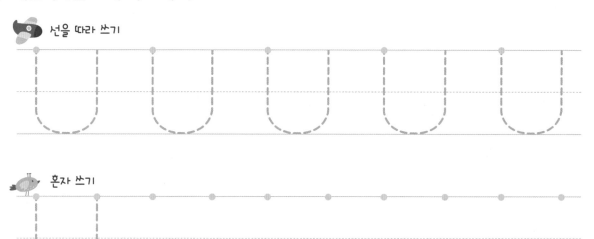

혼자 쓰기

C 대문자 U를 작게 써 보세요.

선을 따라 쓰기

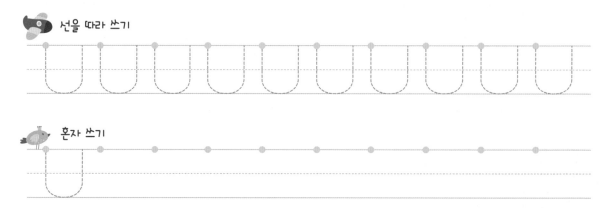

혼자 쓰기

D 대문자 U를 모두 찾아서 동그라미 하세요.

E 대문자 U를 연결해서 길을 찾아 보세요.

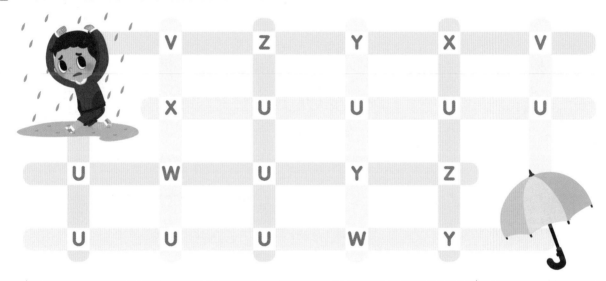

F 대문자 U를 넣어 단어를 완성해 보세요.

❶ P

❷ MBRELLA

❸ KULELE

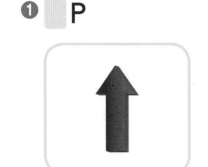

A 소문자 u를 배워 보세요.

소문자 u는 '유'라고 읽어요. 쓸 때는 크기를 반으로 줄여 아래칸에 맞춰서 씁니다. 먼저 웅덩이의 반만 그린 후 직선을 아래로 그려서 마무리 합니다.

B 소문자 u를 크게 써 보세요.

 선을 따라 쓰기

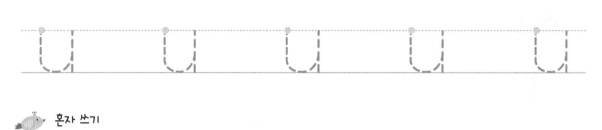

혼자 쓰기

C 소문자 u를 작게 써 보세요.

선을 따라 쓰기

혼자 쓰기

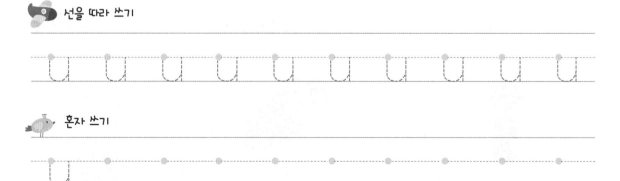

D 소문자 u를 모두 찾아서 동그라미 하세요.

E 소문자 u를 연결해서 길을 찾아 보세요.

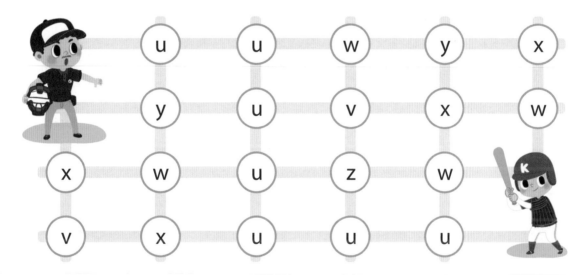

F 소문자 u를 넣어서 단어를 완성해 보세요.

❶ **nder**

❷ **nicorn**

❸ **mpire**

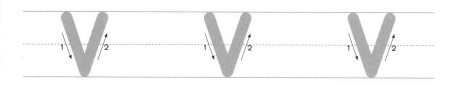
※ V는 윗니로 아랫입술을 살짝 깨물었다가 떼면서
성대가 떨리도록 소리를 냅니다.

A 대문자 V를 배워 보세요.

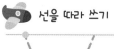

대문자 V는 '뷔'라고 읽어요. 쓸 때는 거꾸로 된 삼각형을 그리듯이 쓰되 위는 막지 않고 남겨둡니다.

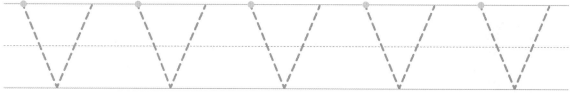

B 대문자 V를 크게 써 보세요.

선을 따라 쓰기

혼자 쓰기

C 대문자 V를 작게 써 보세요.

선을 따라 쓰기

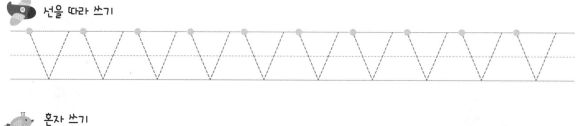

혼자 쓰기

D 대문자 V를 모두 찾아서 동그라미 하세요.

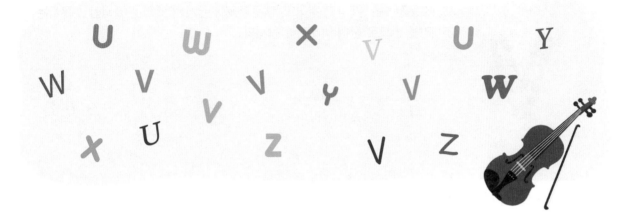

E 대문자 V를 연결해서 길을 찾아 보세요.

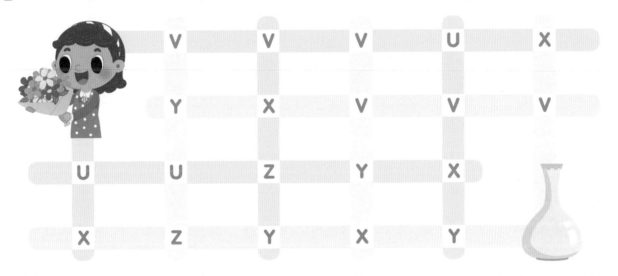

F 대문자 V를 넣어 단어를 완성해 보세요.

❶ ☐EST

❷ ☐IOLIN

❸ ☐ASE

A 소문자 v를 배워 보세요.

소문자 v은 '뷔'라고 읽어요. 대문자 V와 글자의 모양은 같지만 소문자는 크기를 반으로 줄여 아래칸에 씁니다.

B 소문자 v를 크게 써 보세요.

 선을 따라 쓰기

🐦 혼자 쓰기

C 소문자 v를 작게 써 보세요.

✈️ 선을 따라 쓰기

🐦 혼자 쓰기

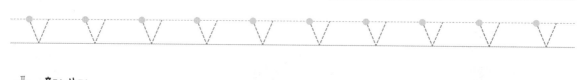

D 소문자 v를 모두 찾아서 동그라미 하세요.

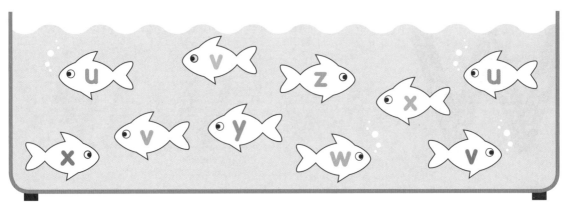

E 소문자 v를 연결해서 길을 찾아 보세요.

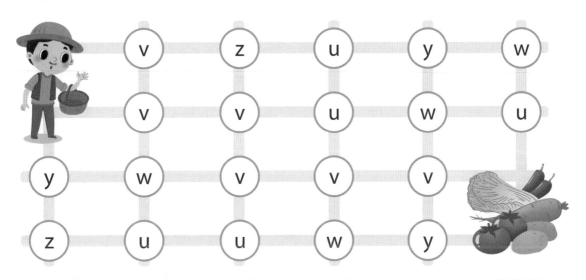

F 소문자 v를 넣어서 단어를 완성해 보세요.

❶ an

❷  iolet

❸ egetable

A 대문자 W를 배워 보세요.

대문자 W는 '더블유'라고 읽어요. 쓸 때는 산을 거꾸로 그리듯이 쓰면 됩니다.

B 대문자 W를 크게 써 보세요.

선을 따라 쓰기

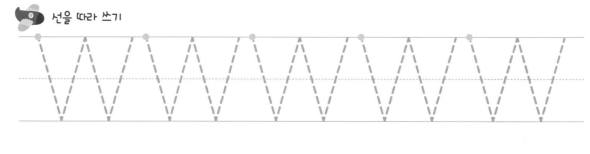

혼자 쓰기

C 대문자 W를 작게 써 보세요.

선을 따라 쓰기

혼자 쓰기

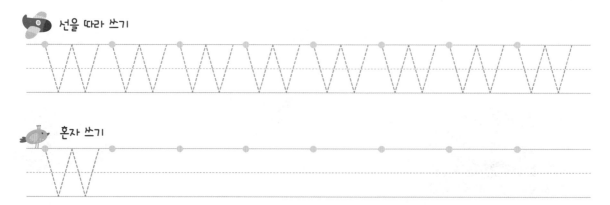

D 대문자 W를 모두 찾아서 동그라미 하세요.

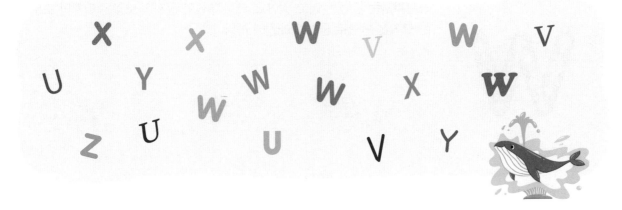

E 대문자 W를 연결해서 길을 찾아 보세요.

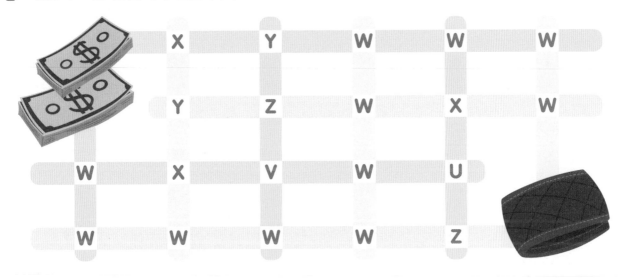

F 대문자 W를 넣어 단어를 완성해 보세요.

❶ ⬜HALE

❷ ⬜ATER

❸ ⬜ALLET

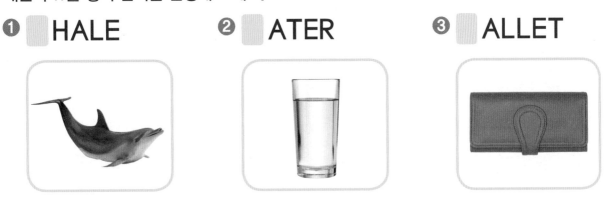

A 소문자 w를 배워 보세요.

소문자 w는 '더블유'라고 읽어요. 대문자 W와 글자의 모양은 같지만 소문자는 크기를 반으로 줄여 아래칸에 씁니다.

B 소문자 w를 크게 써 보세요.

 선을 따라 쓰기

 혼자 쓰기

C 소문자 w를 작게 써 보세요.

 선을 따라 쓰기

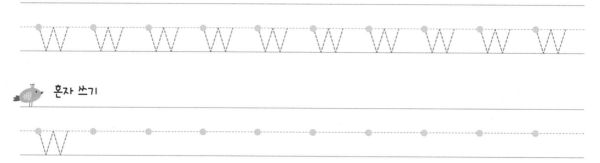

혼자 쓰기

D 소문자 w를 모두 찾아서 동그라미 하세요.

E 소문자 w를 연결해서 길을 찾아 보세요.

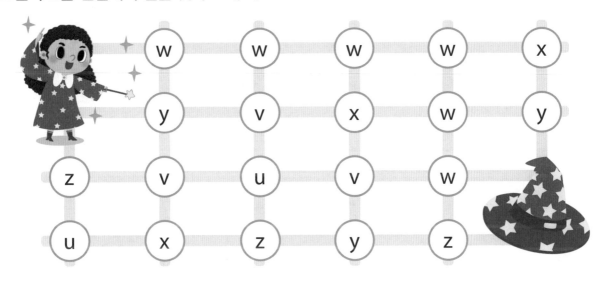

F 소문자 w를 넣어서 단어를 완성해 보세요.

❶ ⬜izard

❷ ⬜olf

❸ ⬜indow

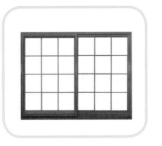

A 대문자 X를 배워 보세요.

대문자 X는 '엑스'라고 읽어요. 쓸 때는 두 개의 사선이 중앙이 겹치도록 그립니다.

B 대문자 X를 크게 써 보세요.

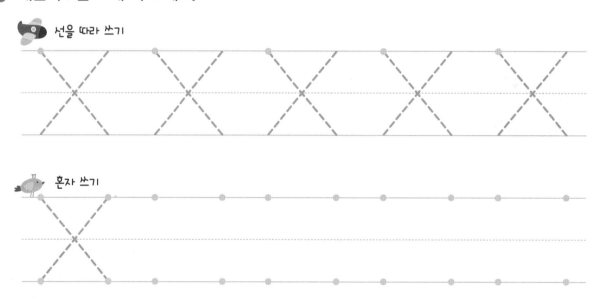

선을 따라 쓰기

혼자 쓰기

C 대문자 X를 작게 써 보세요.

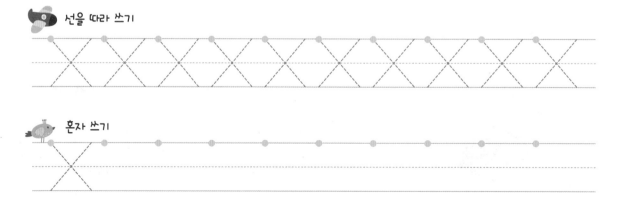

선을 따라 쓰기

혼자 쓰기

D 대문자 X를 모두 찾아서 동그라미 하세요.

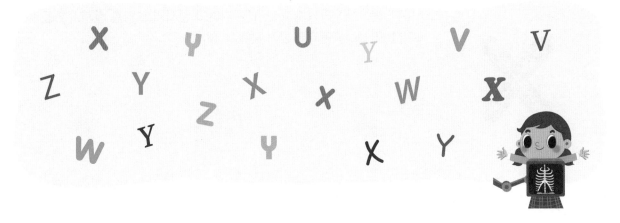

E 대문자 X를 연결해서 길을 찾아 보세요.

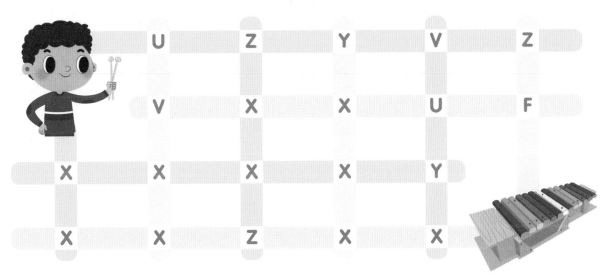

F 대문자 X를 넣어 단어를 완성해 보세요.

❶ ☐ ylophone

❷ ☐ -ray

❸ ☐ -mas

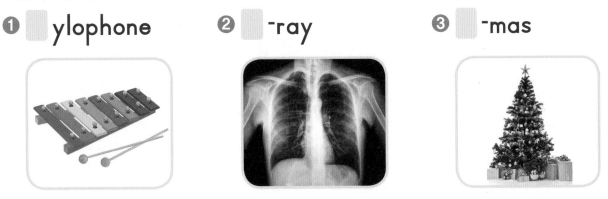

Unit 48 ◆ 소문자 X [엑스]

A 소문자 x를 배워 보세요.

소문자 x는 '엑스'라고 읽어요. 대문자 X와 글자의 모양은 같지만 소문자는 크기를 반으로 줄여 아래칸에 맞춰서 씁니다.

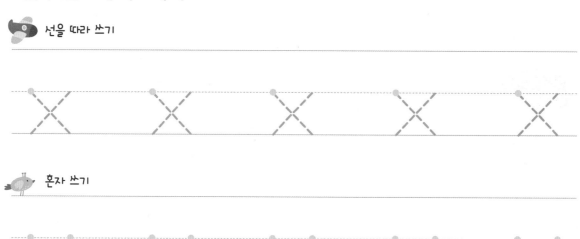

B 소문자 x를 크게 써 보세요.

🛩 선을 따라 쓰기

🐦 혼자 쓰기

C 소문자 x를 작게 써 보세요.

🛩 선을 따라 쓰기

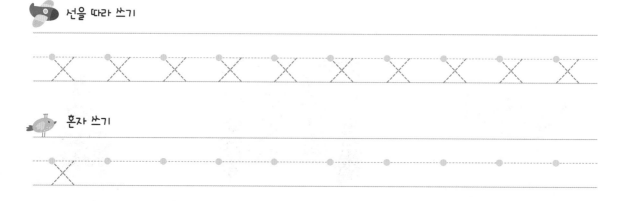

🐦 혼자 쓰기

D 소문자 x를 모두 찾아서 동그라미 하세요.

E 소문자 x를 연결해서 길을 찾아 보세요.

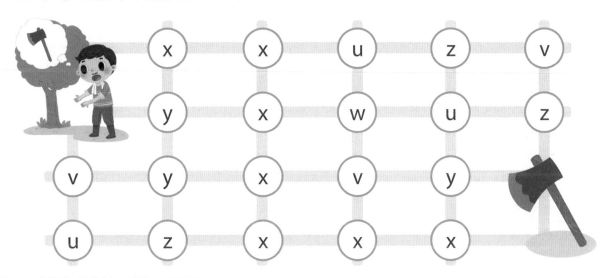

F 소문자 x를 넣어서 단어를 완성해 보세요.

❶ a

❷ bo

❸ si

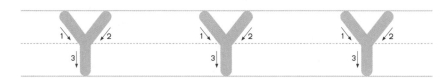

Unit 49 ◆ **대문자 Y [와이]**

A 대문자 Y를 배워 보세요.

대문자 Y는 '와이'라고 읽어요. 쓸 때는 지퍼를 그리듯이 쓰면 됩니다.

B 대문자 Y를 크게 써 보세요.

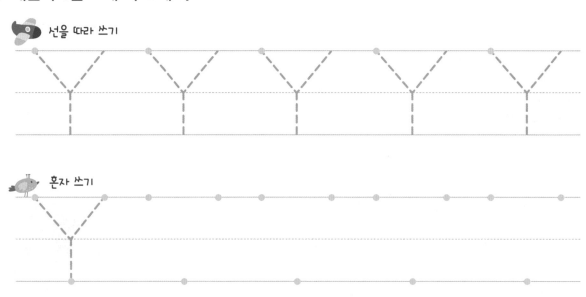

선을 따라 쓰기

혼자 쓰기

C 대문자 Y를 작게 써 보세요.

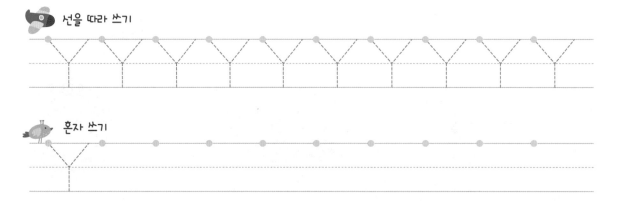

선을 따라 쓰기

혼자 쓰기

D 대문자 Y를 모두 찾아서 동그라미 하세요.

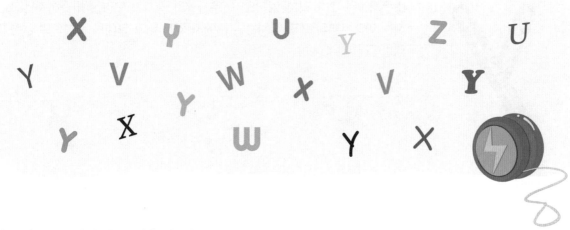

X   Y   U   Y   Z   U
Y   V   W   X   V   Y
  Y   Y   W   Y   X

E 대문자 Y를 연결해서 길을 찾아 보세요.

Y	W	Z	X	V
Y	U	W	Z	W
U	Y	Y	Y	Y
X	Y	Y	X	Y

F 대문자 Y를 넣어 단어를 완성해 보세요.

❶ ☐OGURT   ❷ ☐O-YO   ❸ ☐ACHT

A 소문자 y를 배워 보세요.

소문자 y은 '와이'라고 읽어요. 대문자 Y와 글자의 모양은 비슷하지만 소문자는 아래칸부터 쓰되 겹치는 부분에서 꺾지 않고 그대로 사선으로 삼선 아래로 그립니다.

B 소문자 y를 크게 써 보세요.

🚀 선을 따라 쓰기

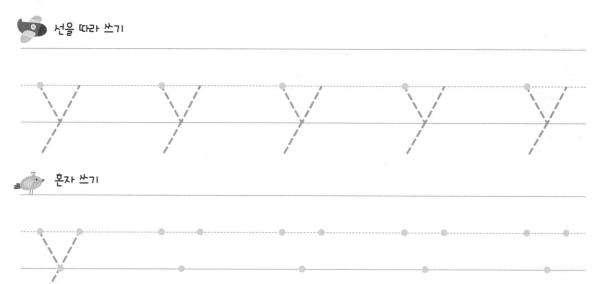

🐦 혼자 쓰기

C 소문자 y를 작게 써 보세요.

🚀 선을 따라 쓰기

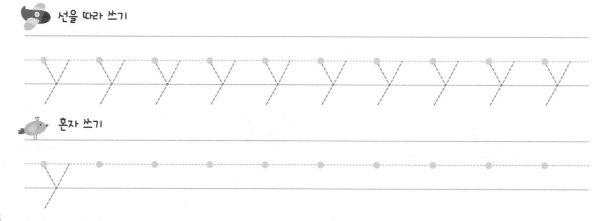

🐦 혼자 쓰기

D 소문자 y를 모두 찾아서 동그라미 하세요.

E 소문자 y를 연결해서 길을 찾아 보세요.

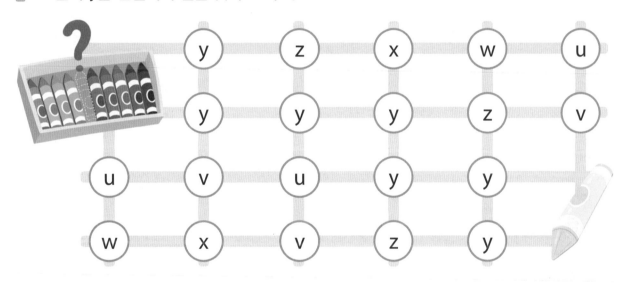

F 소문자 y를 넣어서 단어를 완성해 보세요.

❶ ellow

❷ ard

❸ awn

A 대문자 Z를 배워 보세요.

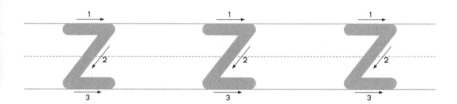

대문자 Z는 '지이'라고 읽어요. 쓸 때는 위에서부터 지그재그로 그립니다.

B 대문자 Z를 크게 써 보세요.

선을 따라 쓰기

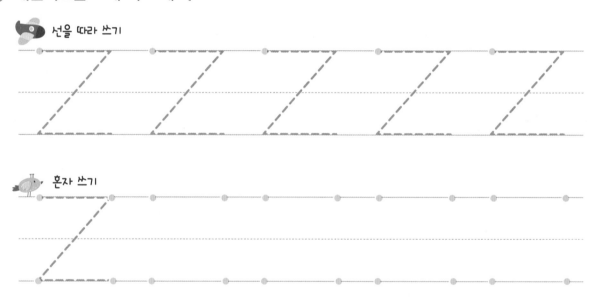

혼자 쓰기

C 대문자 Z를 작게 써 보세요.

선을 따라 쓰기

혼자 쓰기

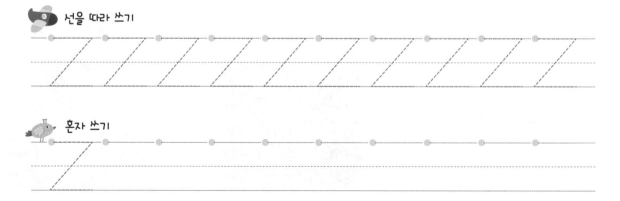

D 대문자 Z를 모두 찾아서 동그라미 하세요.

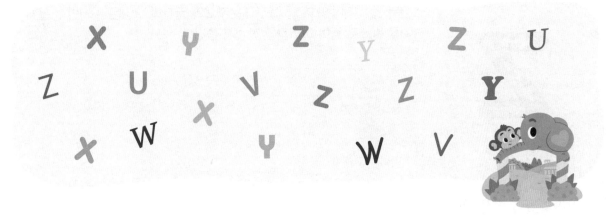

E 대문자 Z를 연결해서 길을 찾아 보세요.

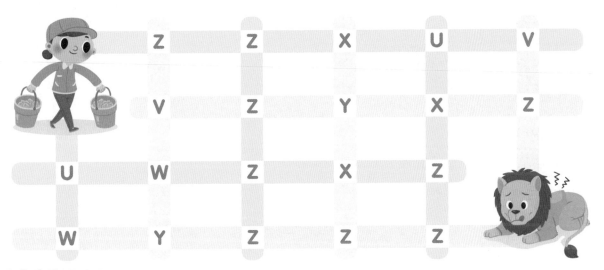

F 대문자 Z를 넣어 단어를 완성해 보세요.

❶ ☐OO

❷ ☐OOM

❸ ☐IPPER

A 소문자 z를 배워 보세요.

소문자 z는 '지이'라고 읽어요. 대문자 Z와 글자의 모양은 같지만 소문자는 크기를 반으로 줄여 아래칸에 맞춰서 씁니다.

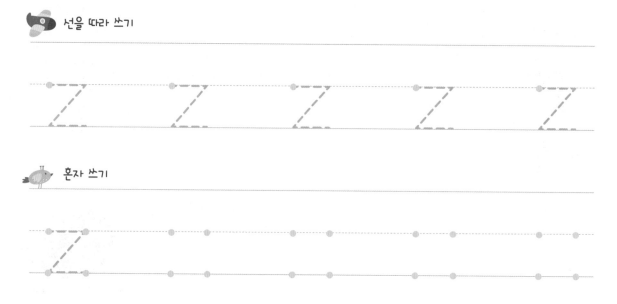

B 소문자 z를 크게 써 보세요.

🛩 선을 따라 쓰기

🐦 혼자 쓰기

C 소문자 z를 작게 써 보세요.

🛩 선을 따라 쓰기

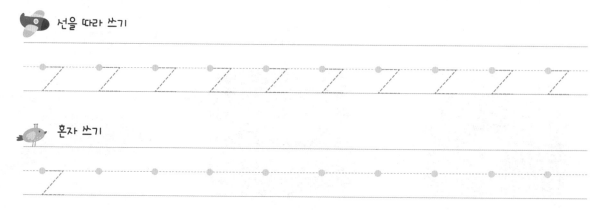

🐦 혼자 쓰기

D 소문자 z를 모두 찾아서 동그라미 하세요.

E 소문자 z를 연결해서 길을 찾아 보세요.

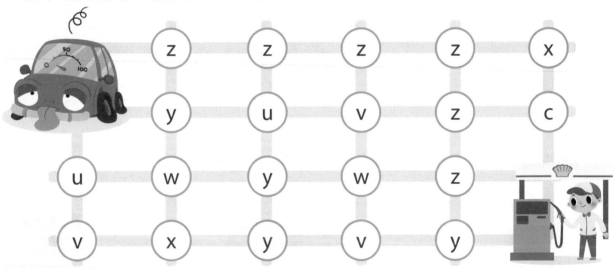

F 소문자 z를 넣어서 단어를 완성해 보세요.

❶ ▢ero

❷ ▢igzag

❸ ▢ebra

Review 04

A 대문자는 소문자와 소문자는 대문자와 연결한 다음 따라 써 보세요.

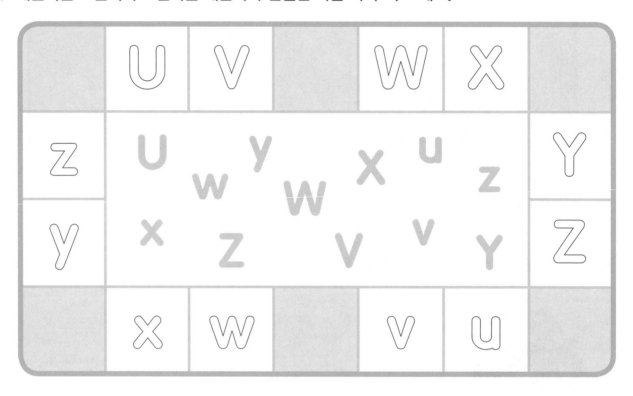

B 대문자에 맞는 소문자, 소문자에 맞는 대문자를 써 보세요.

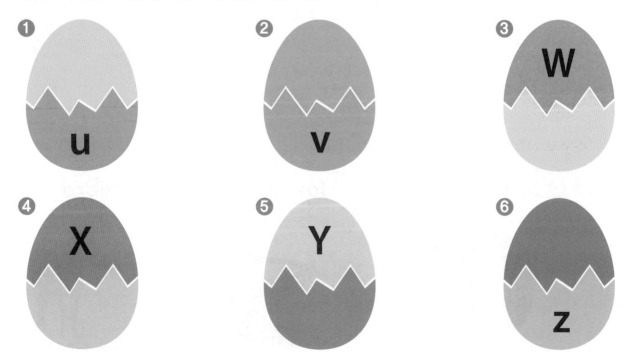

❶ u

❷ v

❸ W

❹ X

❺ Y

❻ z

122

C 빠진 알파벳 글자를 써 보세요.

❶ U 　 W 　

❷ W 　 　 　

❸ 　 w x 　

❹ 　 v W 　

D 빈 칸에 들어갈 알맞은 알파벳 글자에 ○표 한 다음 써 보세요.

❶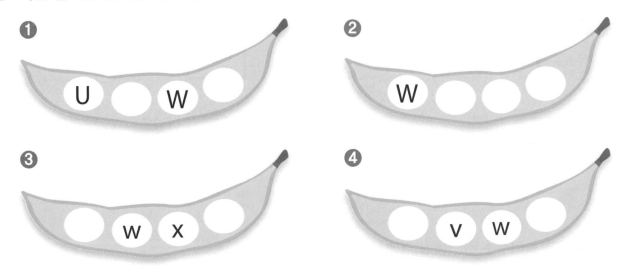
u
v
w

mbrella

❷
x
y
z

oo

❸
u
v
w

allet

❹
x
y
z

ylophone

E Uu ~ Zz까지 순서대로 써 보세요.

Uu

Test 02

A 잘 듣고 알맞은 글자에 동그라미 하세요. 🎧 04

① p n s

② T X R

③ w q y

④ U Z V

B 잘 듣고 들려주는 글자를 보기에서 찾아 쓰세요. 🎧 05

①

②

③

④

O   S   u   q

C 잘 듣고 들려주는 글자로 시작하는 그림에 동그라미 하세요. 🎧 06

①

②

③

④

D 알파벳의 대문자와 소문자를 알맞게 연결해 보세요.

① O ·   · p
② W ·   · o
③ P ·   · w
④ N ·   · n
⑤ Y ·   · y

⑥ Q ·   · u
⑦ Z ·   · t
⑧ R ·   · z
⑨ T ·   · r
⑩ U ·   · q

E 빠진 알파벳 글자를 쓰세요.

① Q   S

② n   p

③ X   Z

④ r   t

⑤ U   W

⑥ p   r

F 다음 단어의 첫 알파벳 글자를 쓰세요.

①

Nn

②

③

④

How to Use Alphabet Flash Cards

알파벳 플래시 카드로 재미있는 게임을 해보세요.

Slap the cards! 맞는 카드를 손바닥으로 치기

1. 카드를 벽에 붙이거나 바닥에 펼쳐 놓습니다.
2. 엄마가 알파벳 글자 중 하나를 말합니다.
3. 아이는 엄마가 말한 카드를 찾아 손으로 친 다음 무슨 글자인지 말합니다.

Put in the order! 순서대로 카드 놓기

1. A–Z까지 대문자 카드나 소문자 카드 중 하나를 바닥에 섞어 놓습니다.
2. 엄마가 'Ready! Go!' 하고 말하면 아이는 알파벳을 처음부터 순서대로 놓습니다.
3. 게임을 할 때 시간을 재어 다음에도 더 빨리 할 수 있게 격려해 주세요.

Match the cards! 카드 맞추기

1. 대문자 카드와 소문자 카드를 섞어서 바닥에 펼칩니다.
2. 아이는 정해진 시간 안에 알파벳 대문자와 소문자의 짝을 맞춥니다.
3. 카드가 많다면 한 번에 맞출 수 있는 개수를 정해서 맞추게 합니다.

Treasure Hunt! 카드 보물찾기

1. 엄마는 카드를 집안 곳곳에 숨겨 둡니다.
2. 아이는 집안에서 카드를 찾아 돌아다닙니다.
3. 카드를 찾은 다음 엄마에게 가지고 와서 글자를 말하면 작은 선물을 줍니다.

Find the missing letter! 빠진 글자 찾기

1. 엄마는 알파벳 카드를 순서대로 바닥에 올려놓되 일부러 한 글자를 빼고 놓습니다.
2. 아이는 빠진 글자가 무엇인지 찾아서 소리 내어 말합니다.

Copy the letter! 글자 따라 쓰기

1. 엄마는 쟁반에 밀가루 또는 설탕을 골고루 펴서 놓습니다.
2. 엄마가 알파벳 카드 중 하나를 보여주면 아이는 밀가루 위에 글자를 씁니다.
3. 아이가 익숙해지면 카드를 빼고 엄마가 말하는 소리만 듣고 글자를 써 보게 합니다.

A

B

C

D

E

F

G

H

I

J

K

L

M

N

O

P

Q

R

S

T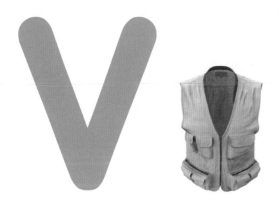

U

V

W

X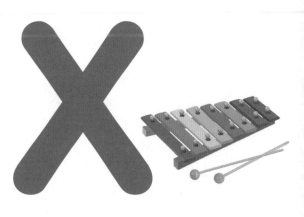

Y  Z y

a   b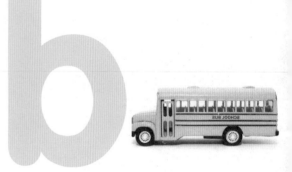

c  d

k

l

m

n

o

p

q

r

s

t

u

v